Broderies de NOËL

SUR CARTON PERFORÉ

les éditions de saxe

Sommaire

Introduction

Le carton perforé à broder était très prisé au cours des années 1800. Il était travaillé avec de la laine à broder surfine multicolore pour broder des messages sur des cartes, mais aussi en volume pour la réalisation d'écrins à aiguilles, de boîtes à tampons en forme de maison, de ronds de serviettes, de marque-pages et de boîtes à couture (liste non exhaustive...).

Ce carton perforé à broder, je me le suis approprié pour vous offrir des créations contemporaines. Je le travaille avec attention et précision en mêlant les matières (soie, laine, coton, perles...), et les techniques (dentelle de papier, broderie, superposition, 3D...).

Pour ce nouvel opus, je suis heureuse de vous présenter une vingtaine de projets pour préparer une fête que l'on affectionne particulièrement : Noël. Grâce aux grilles et aux explications détaillées, vous réaliserez sans difficulté cartes, ornements de Noël, calendrier de l'avent et autres petits objets de décoration raffinés pour un très bel effet.

Je vous souhaite de belles heures à la découverte de cette technique riche de ses applications, et remercie Annie G. pour son aide précieuse dans la réalisation des petites croix. Je lui dédie ce livre...

En toute créativité,

Cécile Pozzo di Borgo

www.azilizcreation.fr

azilizcreationboutique@gmail.com

ABC
DU CARTON PERFORÉ À BRODER

Les modèles à réaliser sur carton perforé à broder combinent souvent plusieurs techniques : broderie, découpage (dentelle), perlage...

LES MATÉRIAUX

Le carton perforé se présente sous forme de feuilles de 23 x 24 cm disponibles dans 10 couleurs (Blanc, Bordeaux, Brun, Gris acier, Gris clair, Ivoire, Marine, Noir, Rouge, Vert Sapin). Il compte 7 trous au centimètre, soit 6,5 points.

Les découpes en « dentelle » se réalisent à l'aide d'un scalpel de loisirs créatifs. Pour les formes plus grandes, on peut tout à fait utiliser des ciseaux pour papier. On travaille le carton à plat, de préférence sur une planche à découper de loisir créatif.

POUR BRODER

La grille se lit comme une grille de broderie à points comptés, un carré représente un point de croix, point lancé, perle ou point de piqûre (se référer à la légende).

Fils : au choix selon l'effet désiré ; 2 brins de mouliné, 1 brin de soie perlée, 1 brin de coton perlé n°12, 2 brins de laine Saint-Pierre. On les travaillera avec des aiguilles à tapisser à bout rond n°28 ou n°26.

Perles : les micro-perles 15/0 ont le diamètre idéal pour la pose sur carton perforé à broder. On les fixe par un demi-point de croix avec 1 fil simple de la couleur du carton, et une aiguille à broder les perles n°12, ou une aiguille à quilter. Pour des perles posées en « semis » (éparpillées), des perles 11/0 peuvent convenir.

POUR DÉCOUPER

Il faut se repérer à la grille et à sa légende. Dans les modèles, une ligne de coupe représente la fente à faire entre deux trous.

Pour couper, on enfonce la lame de l'outil de coupe entre deux trous, en une fois et on exerce une simple pression. Il est déconseillé de vouloir trancher sur une longueur plus grande comme avec un cutter car le tracé final sera moins net et l'on risque de déchirer le carton ou de se blesser.

POUR LES DÉTAILS

Couper ou broder en premier ? On commence la plupart du temps par couper, pour deux raisons : d'une part cela évite de recommencer la broderie si l'on se trompe lors de la découpe ; d'autre part cela permet d'avoir une meilleure prise en main du support pendant que l'on brode.

Pour coller, on utilise soit du scotch double-face, soit de la colle blanche pour cartonnage. Pour cette solution, il faut étaler une fine couche au pinceau sur le support pour éviter que la colle ne passe par les trous.

POINTS UTILISÉS

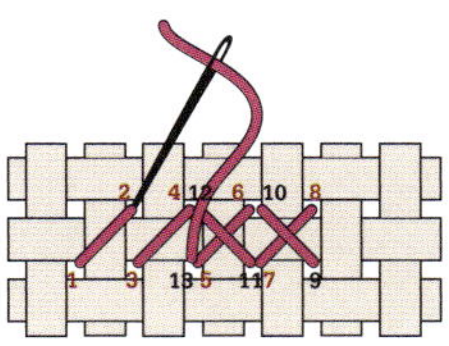

POINT DE CROIX (X)

Ce point s'exécute en points lancés obliques montants, dans un premier temps de gauche à droite, et dans un deuxième temps de droite à gauche. Piquer dans les trous des premiers points sans abîmer le fil, afin que les nouveaux points croisent parfaitement les premiers.

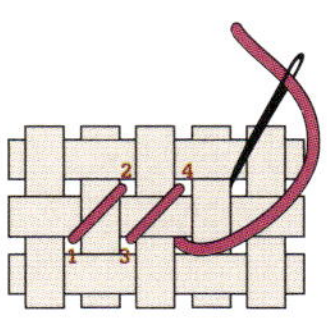

DEMI-POINT DE CROIX

Le demi-point de croix s'exécute de gauche à droite de la même manière que le premier temps du point successif (sans revenir de droite à gauche).

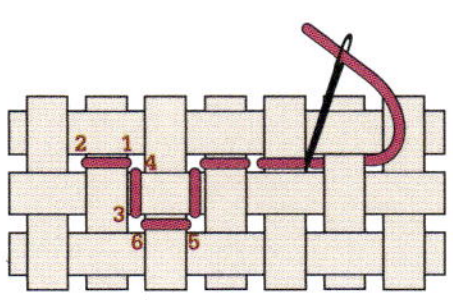

POINT ARRIÈRE

Ce point est aussi appelé point de piqûre. Il est particulièrement approprié à l'exécution de coutures solides et à la réalisation des contours.

Calendrier de l'Avent

DIMENSION D'UN MOTIF

35 points de diamètre

FOURNITURES

Pour le support

- 1 outil de coupe spécial loisirs créatifs (style scalpel)*
- 1 petite planche à découper de loisirs créatifs
- 2 feuilles de carton perforé à broder de 23 x 24 cm* : ROUGE – BLANC
- 4 m de ruban de soie à broder de 4 mm de large* : ROUGE
- 1 assortiment de demi-perles adhésives blanches (Artemio)
- 1 m de guipure fantaisie blanche
- Colle blanche
- Scotch double-face

Pour la broderie

- Soie perlée* : ROUGE
- 1 échevette de fil tressé métallisé n°4* : BLANC NACRÉ – DORÉ
- 1 aiguille à tapisser à bout rond* n°26
- 1 paire de ciseaux de broderie*

---

* *fournitures en vente sur www.azilizcreation.fr*

RÉALISATION

Retrouvez les grilles ci-après.

À l'aide de l'outil de coupe spécial carton perforé, coupez 24 pastilles dans le carton perforé ROUGE et dans le BLANC, en vous référant aux grilles.

Brodez les motifs au centre des pastilles :
- Sur les pastilles en carton perforé ROUGE (recto) : chiffres au point de croix avec le fil tressé métallisé n°4 BLANC NACRÉ, et étoiles à points lancés avec le fil tressé métallisé n°4 DORÉ.
- Sur les pastilles en carton perforé BLANC (verso) : motifs au point de croix avec la soie perlée ROUGE.

MONTAGE

Avec 15 cm de ruban de soie, réalisez un nœud et une boucle de suspension que vous fixez par un point de broderie sur le haut de chaque pastille blanche. Collez au centre du nœud une demi-perle adhésive.

Avec la colle blanche, collez un morceau de guipure blanche sur le haut de chaque pastille rouge.

Collez une pastille blanche au dos de chaque pastille rouge au moyen de scotch double-face, en veillant à l'horizontalité des motifs.

1
4
6
9
10
11
16
19
21
22

GRILLES RECTO

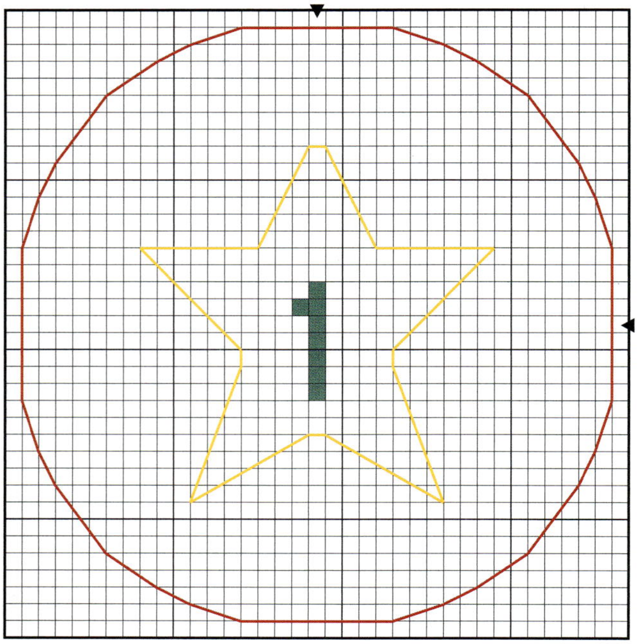

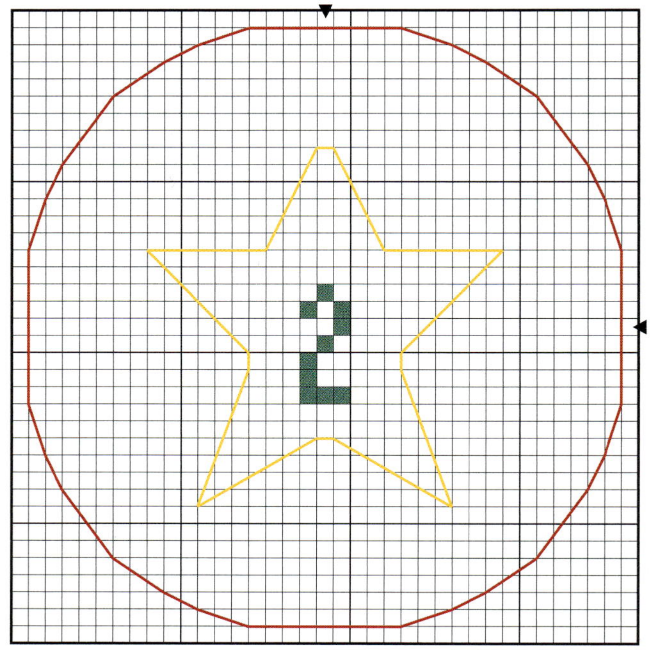

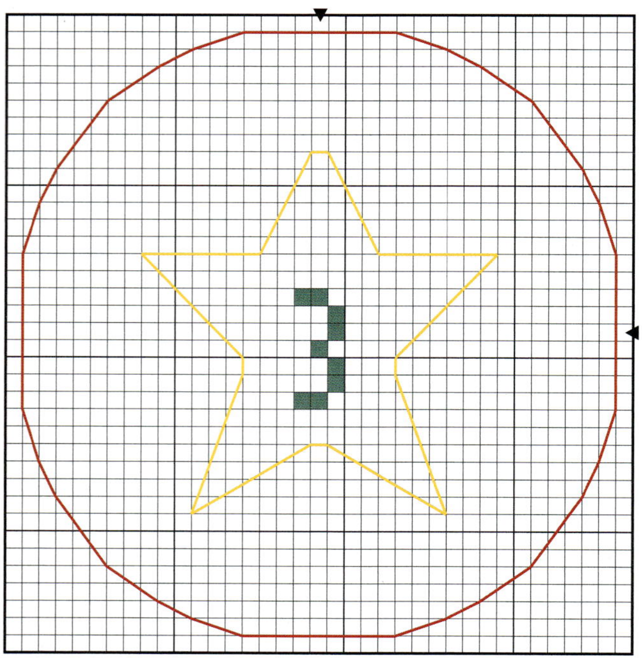

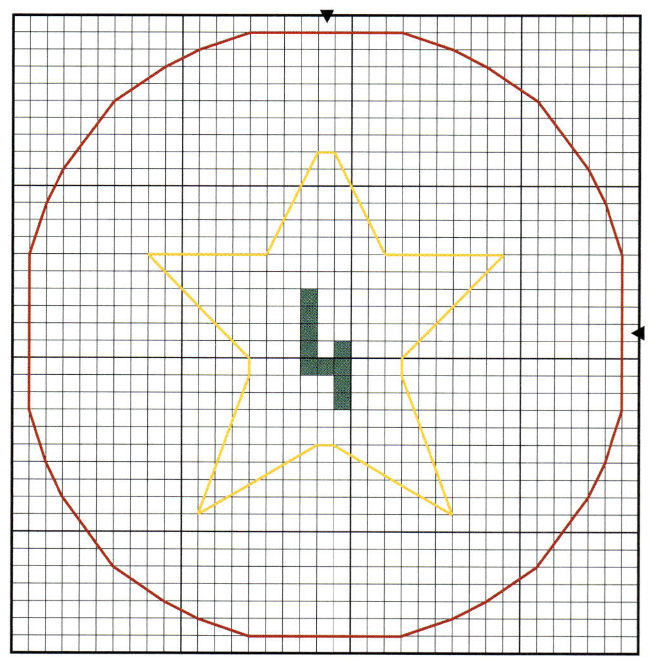

X	fil métallisé n°4
■	blanc nacré

point lancé

— doré

— ligne de coupe

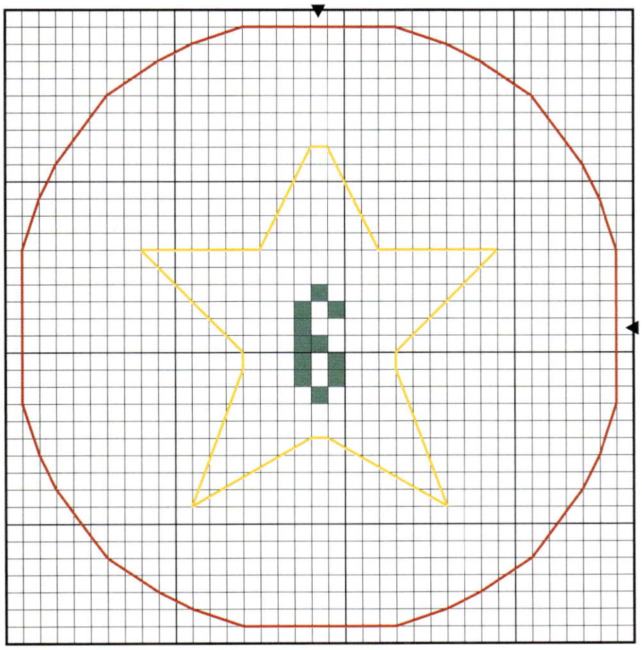

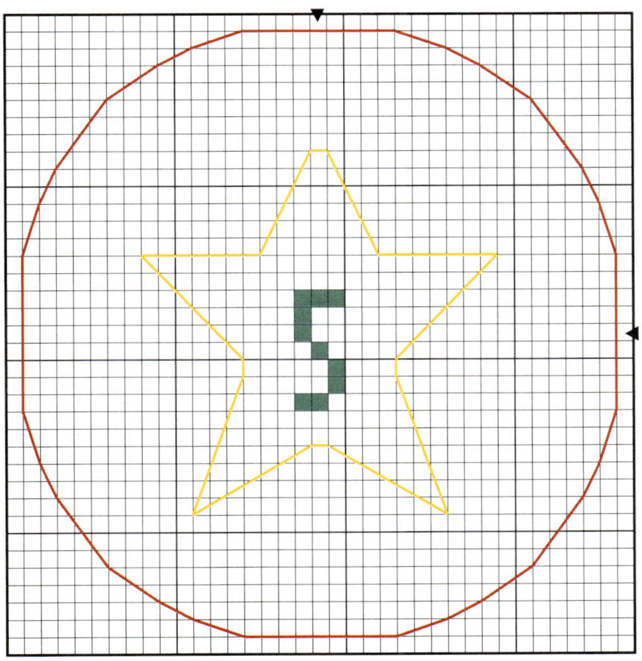

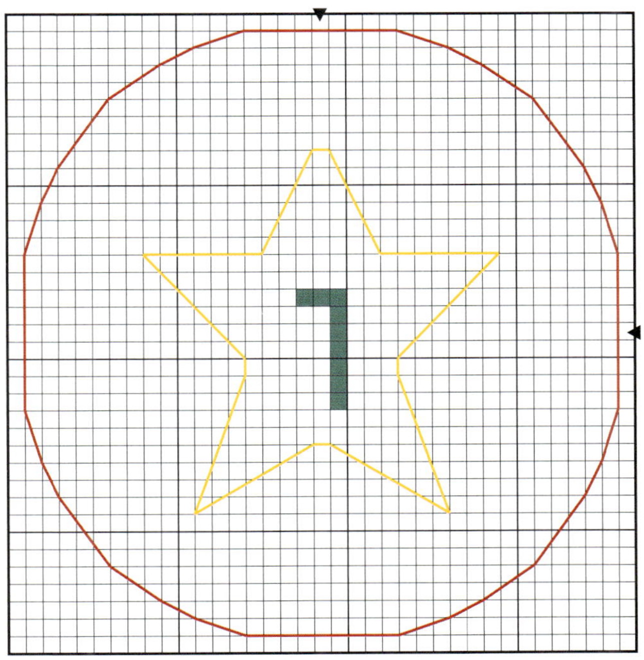

GRILLES RECTO

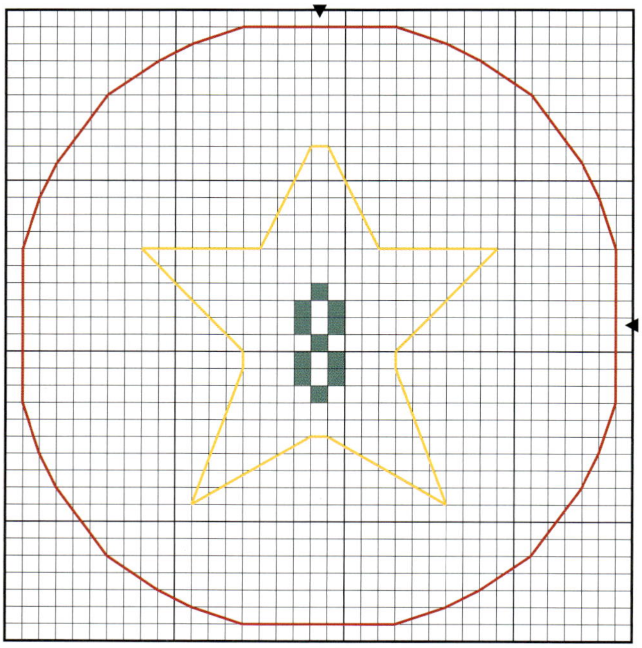

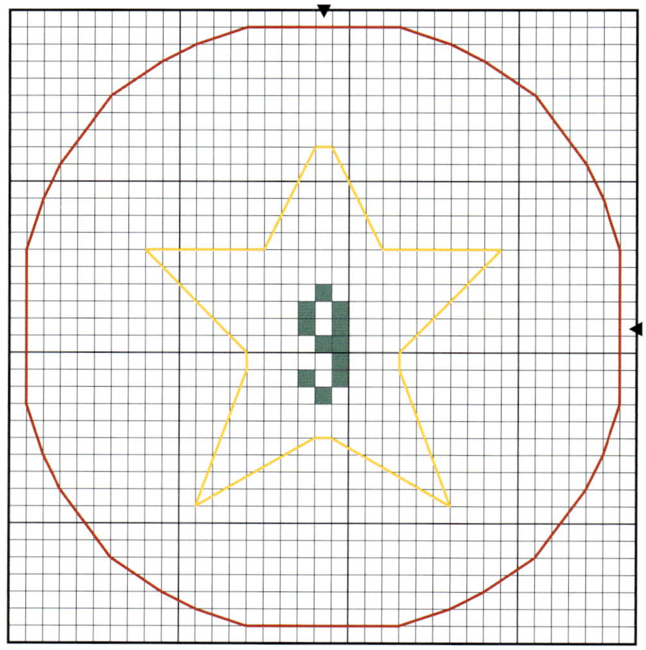

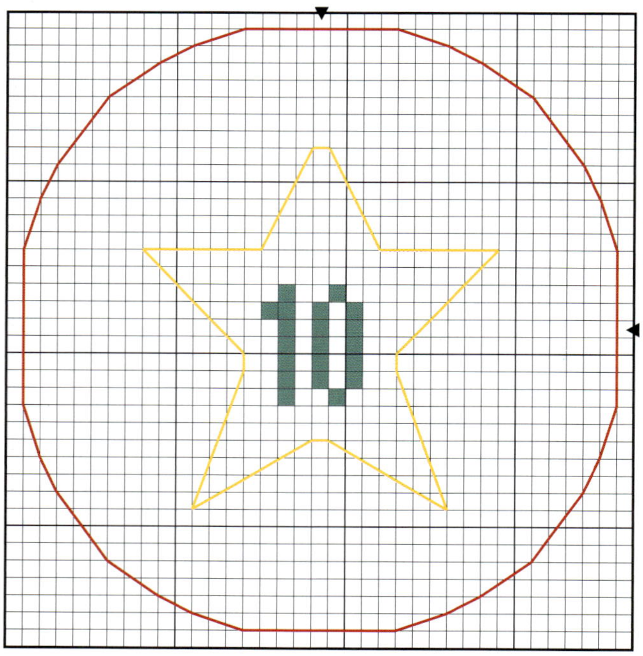

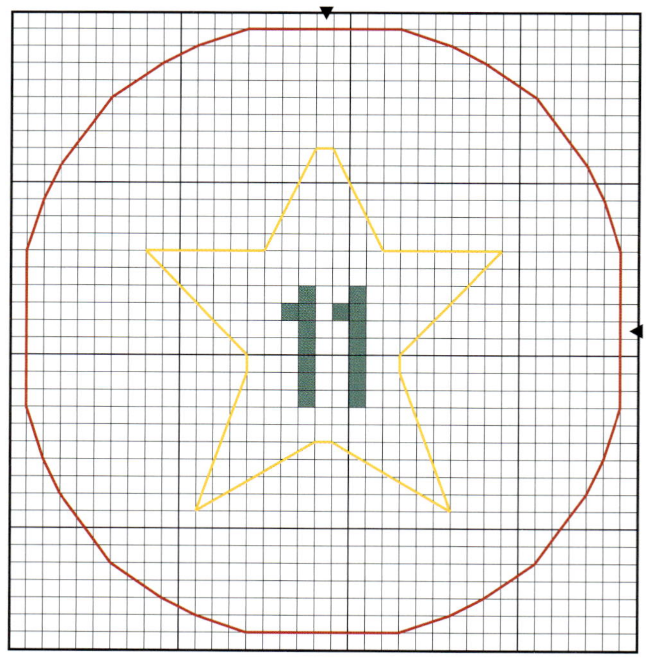

X fil métallisé n°4

■ blanc nacré

point lancé

— doré

— ligne de coupe

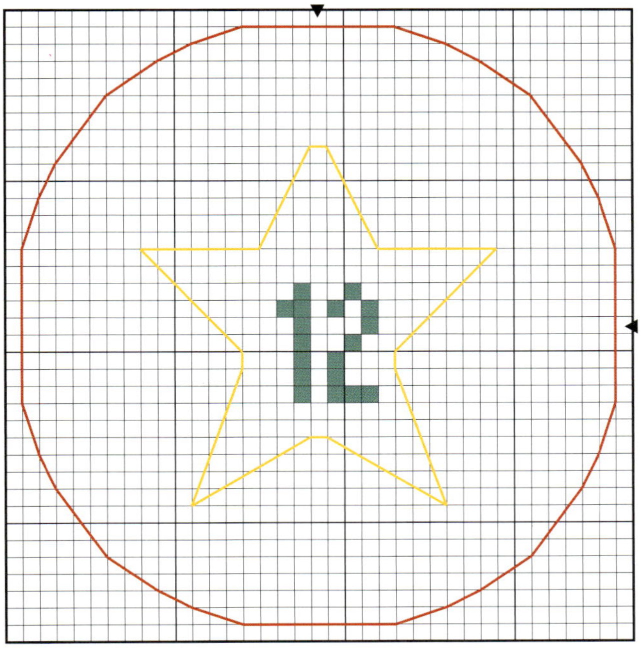
12

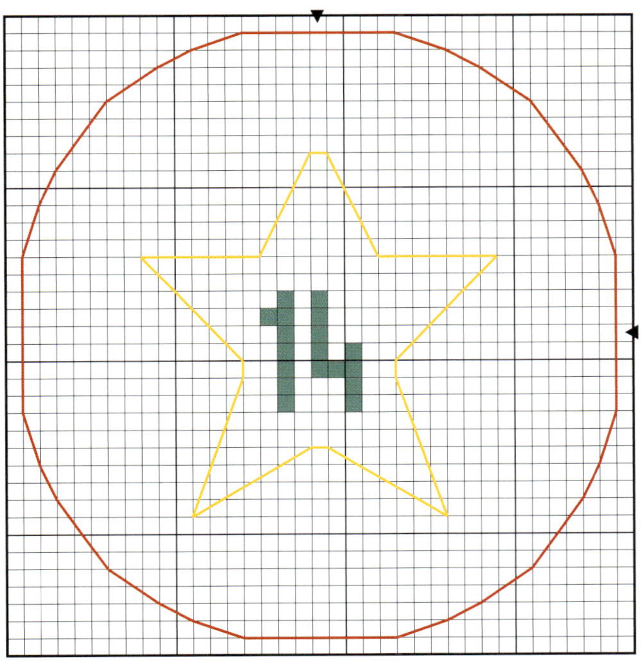
14

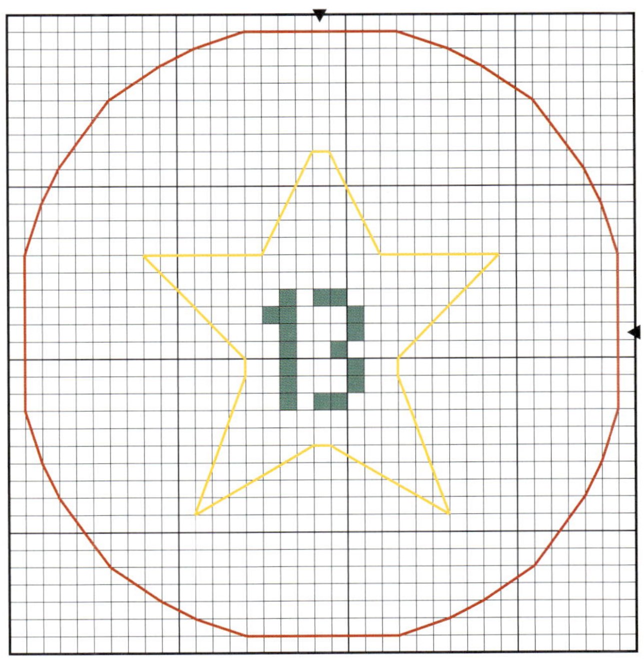
13

GRILLES RECTO

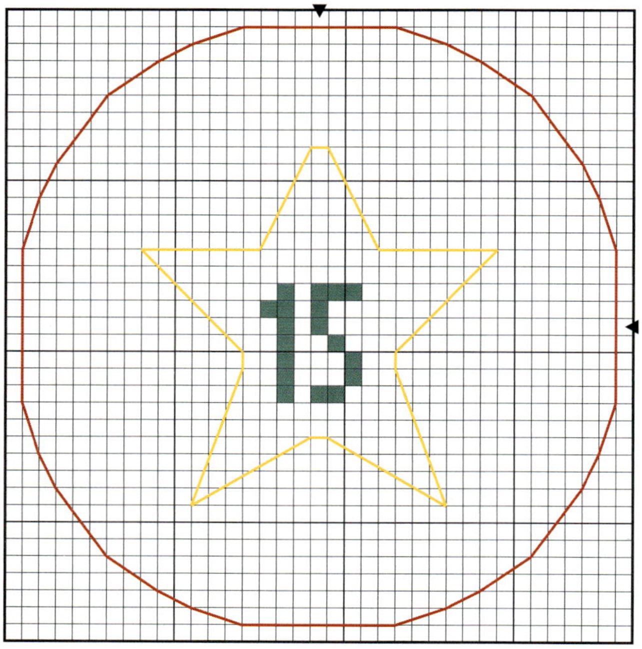

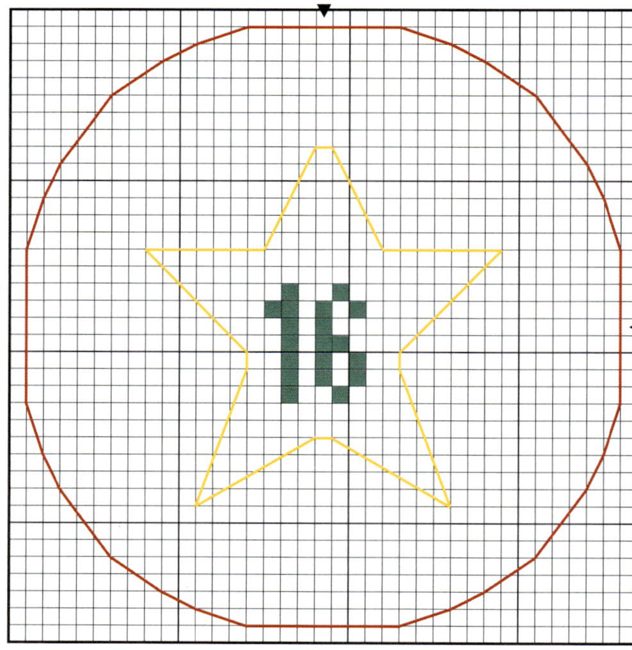

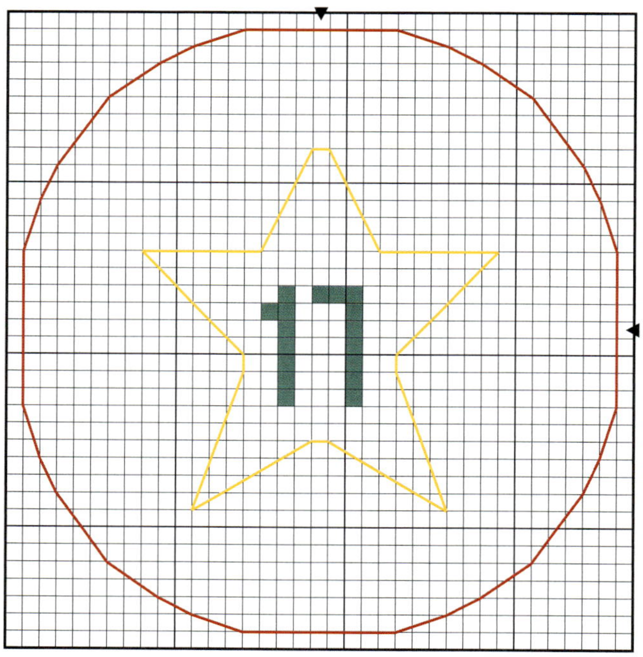

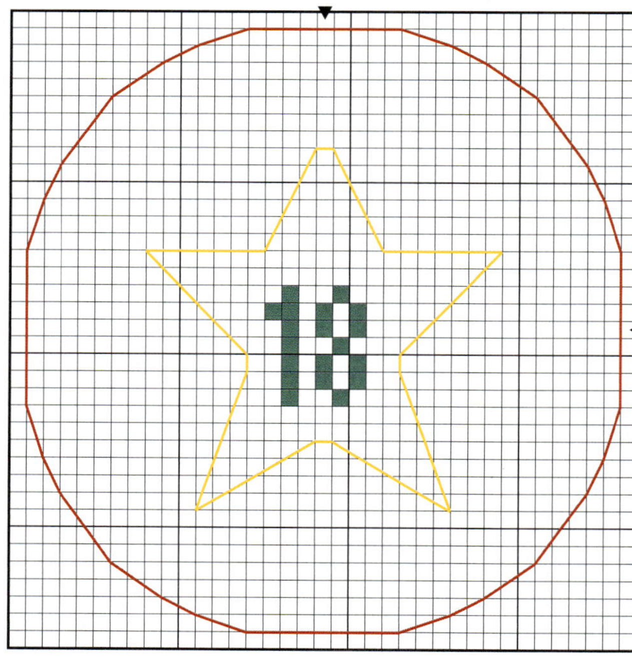

X	**fil métallisé n°4**
■	blanc nacré

point lancé

—— (jaune)	doré
—— (rouge)	ligne de coupe

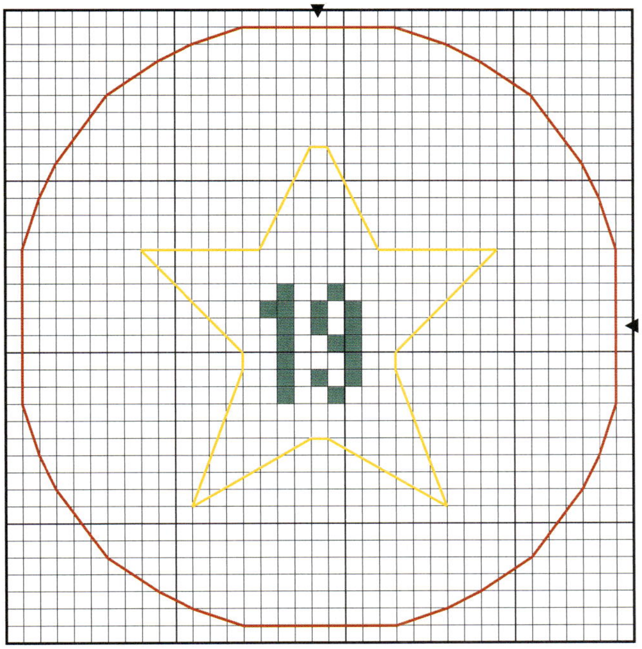
19

21

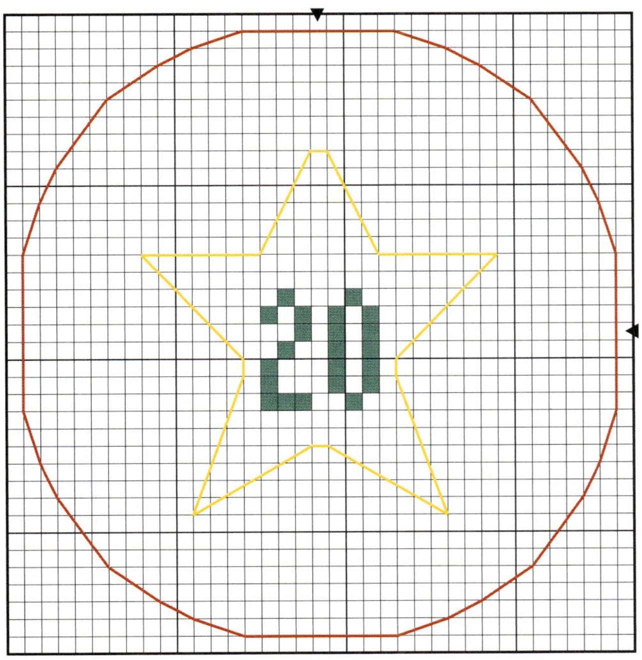
20

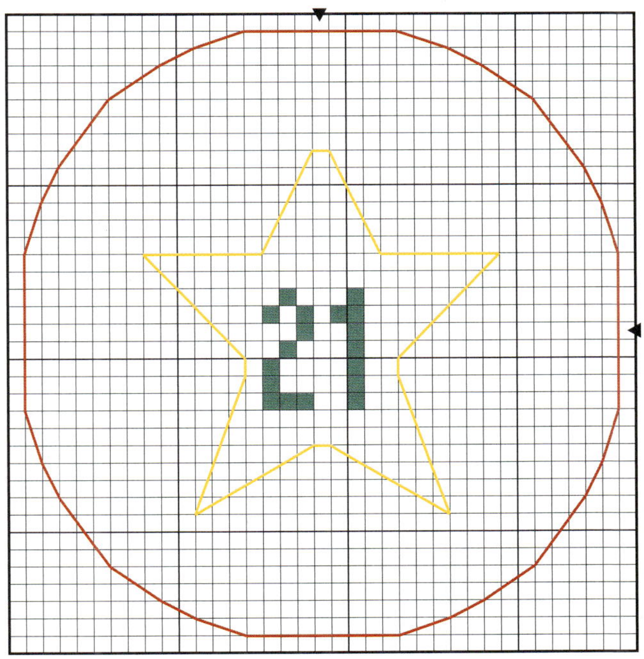
21

GRILLES RECTO

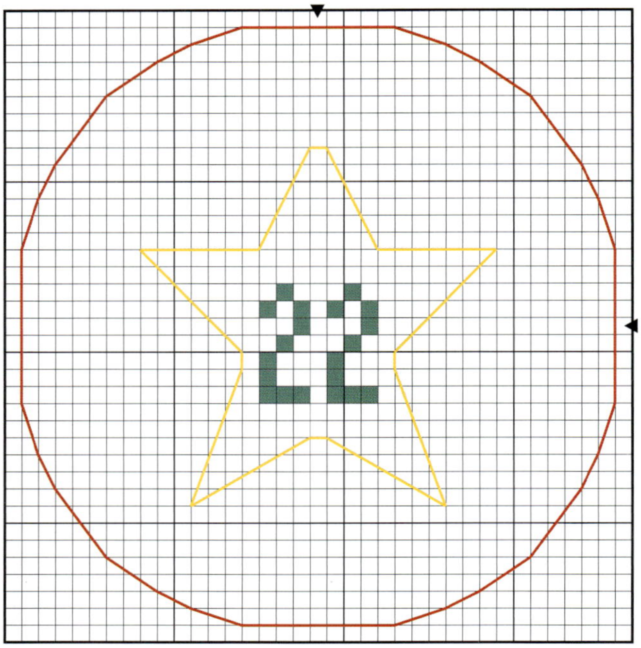

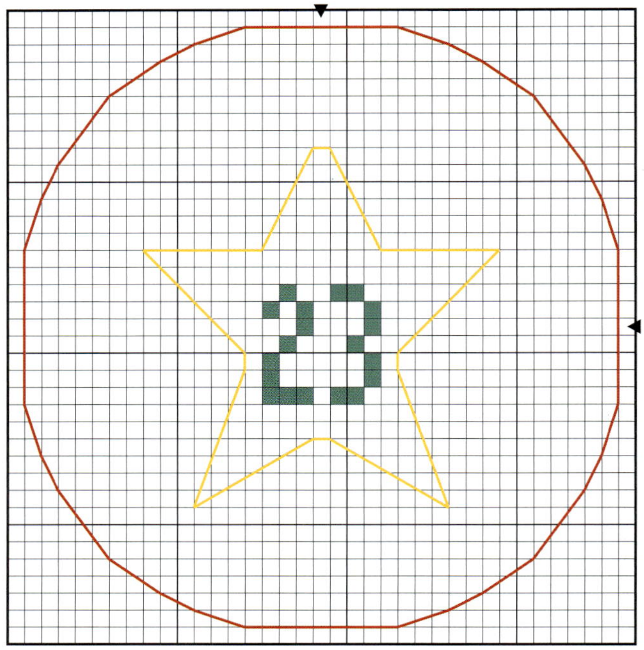

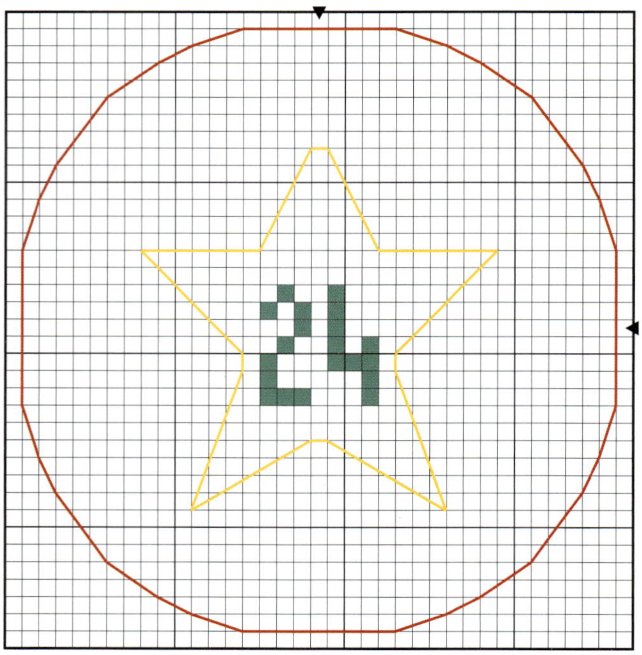

X fil métallisé n°4

■ blanc nacré

point lancé

— doré

— ligne de coupe

GRILLES VERSO

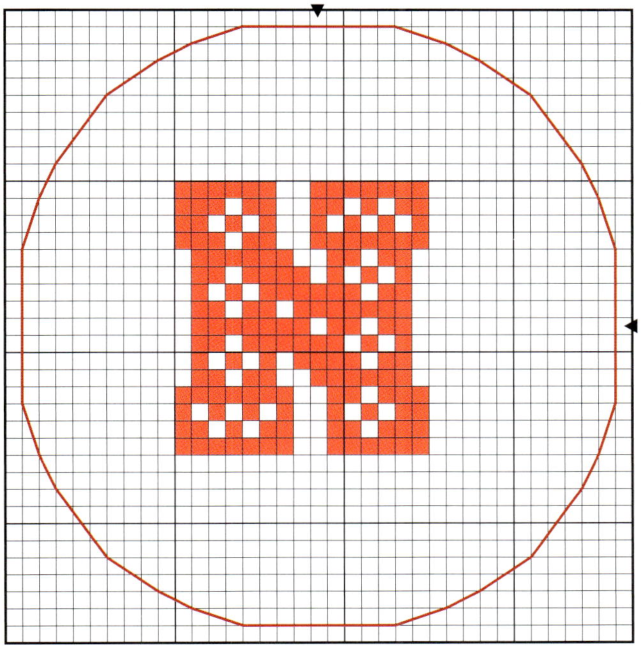

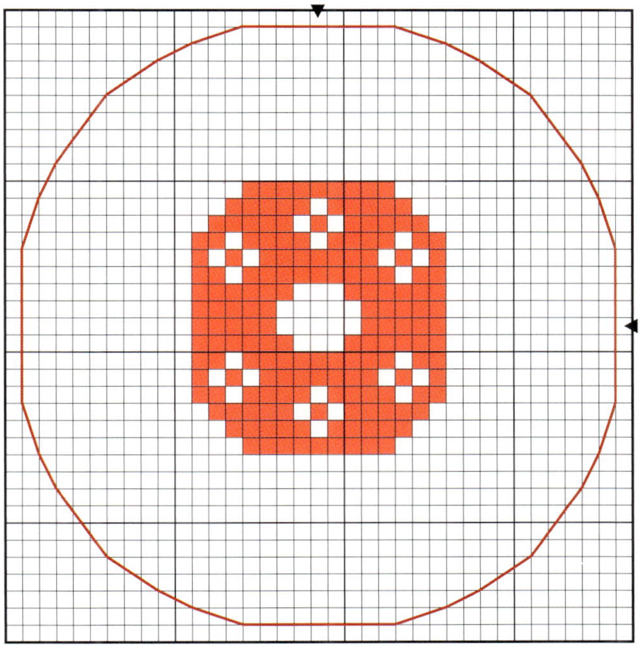

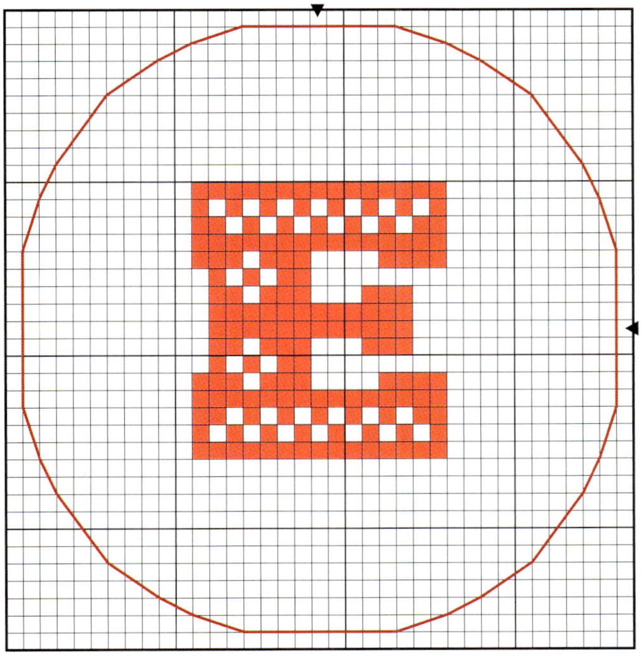

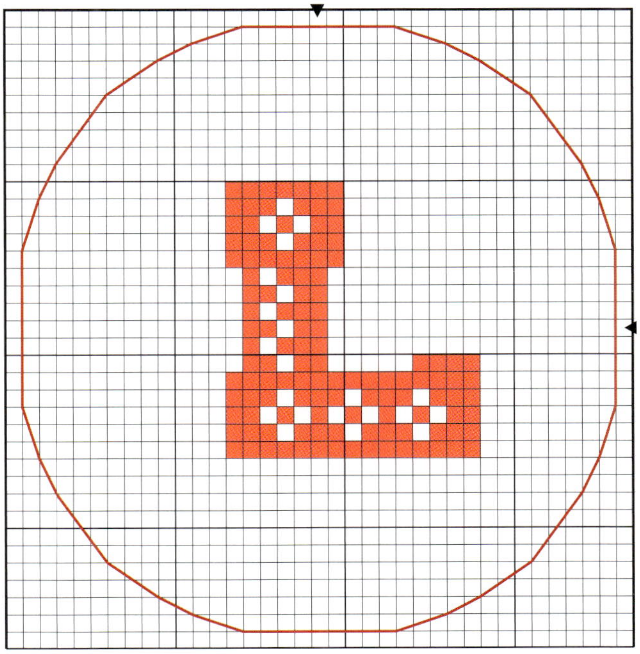

X	soie perlée
■	rouge
—	ligne de coupe

GRILLES VERSO

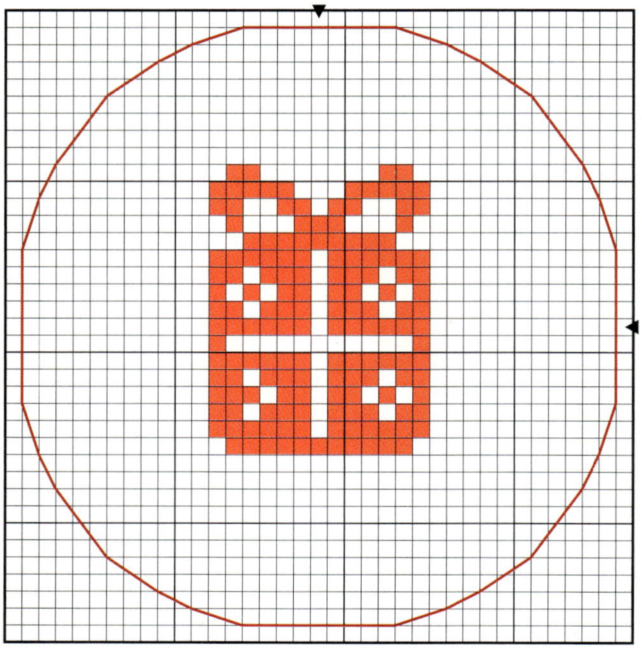

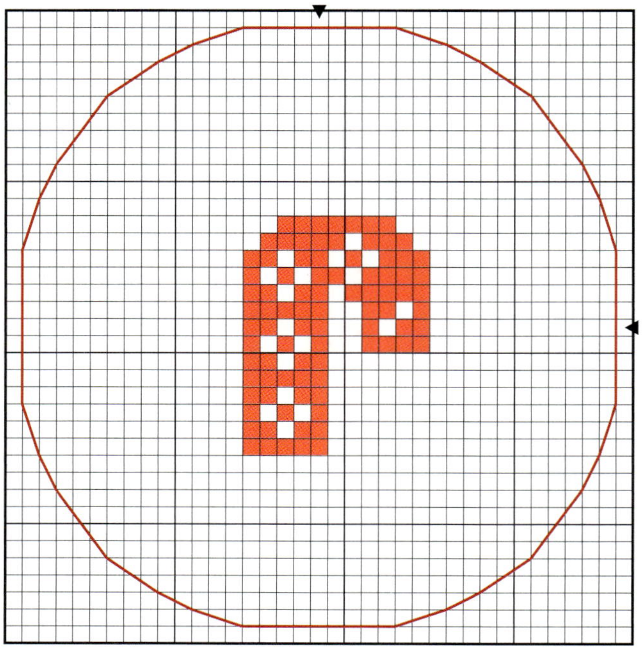

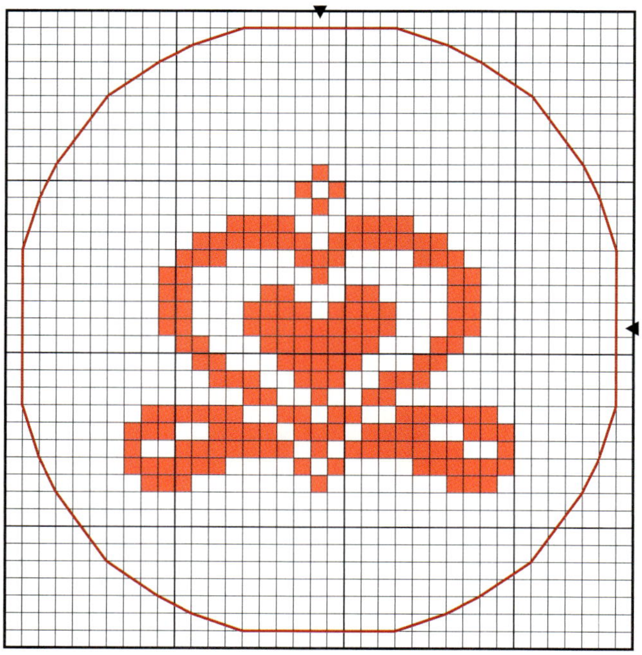

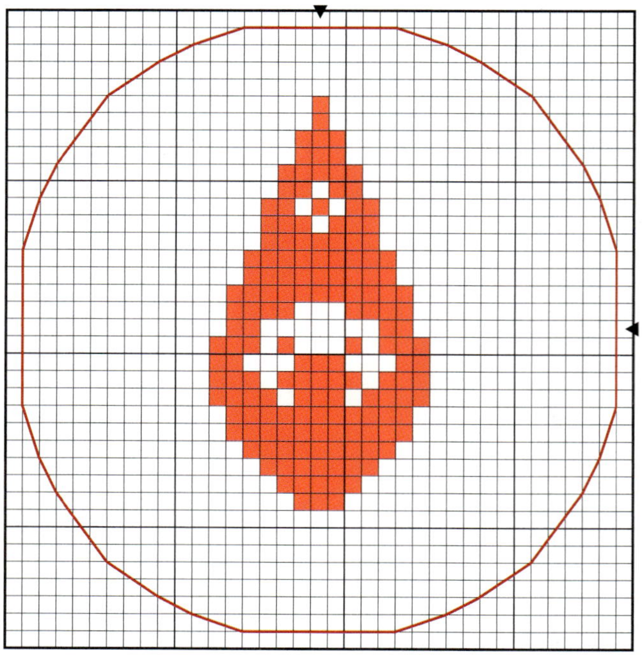

X	soie perlée
■	rouge
—	ligne de coupe

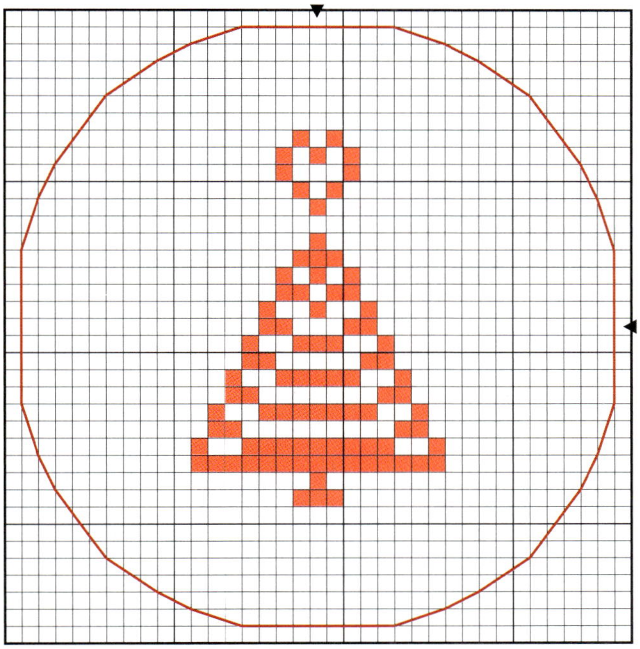

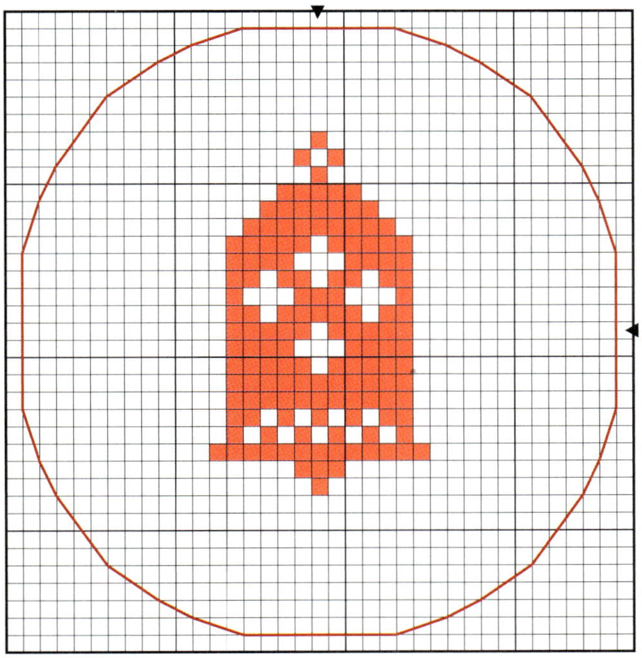

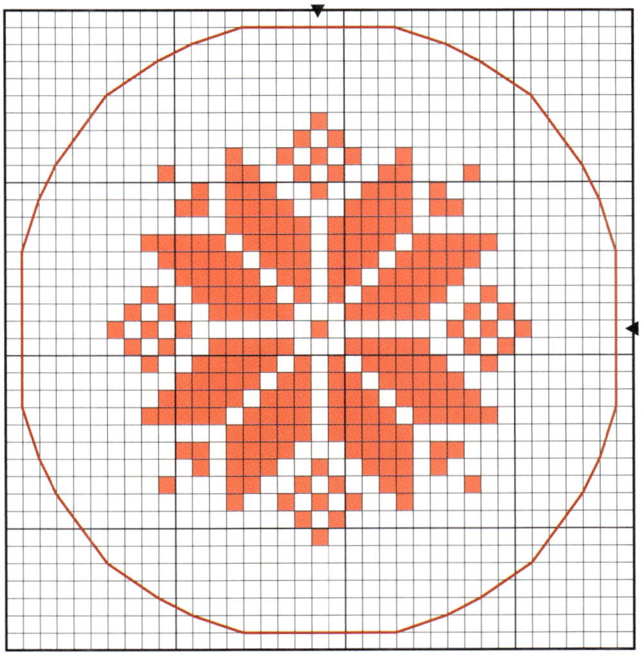

Brodez 2 fois

GRILLES VERSO

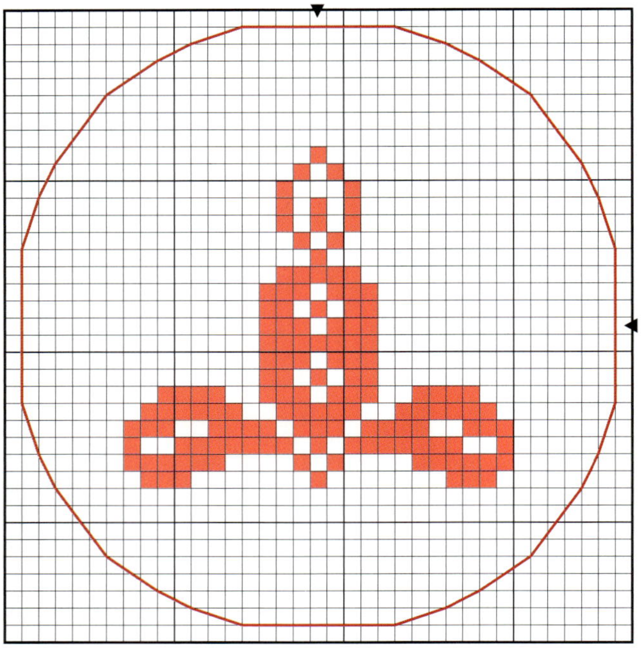

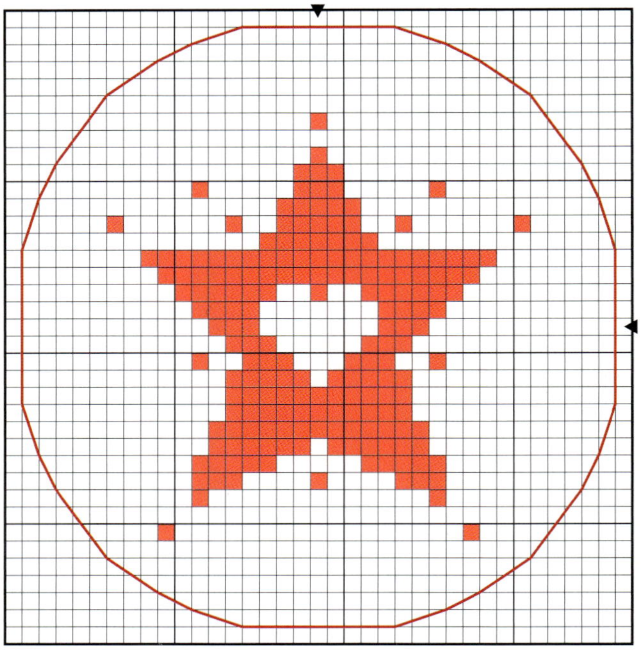

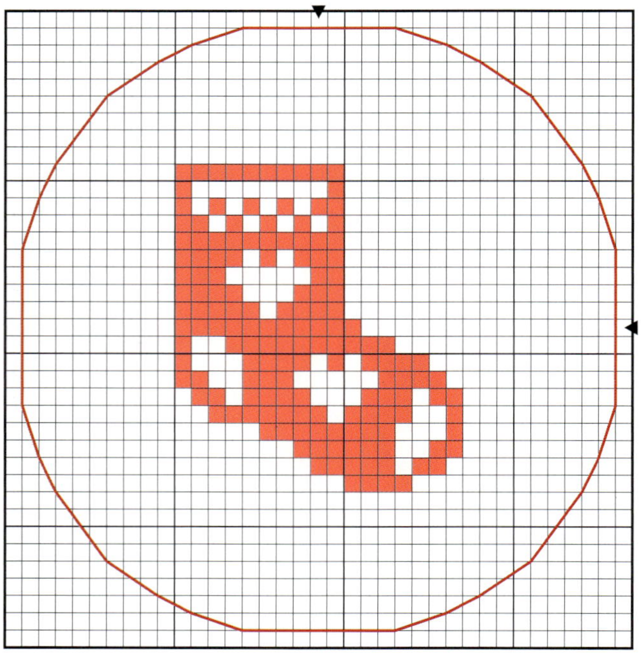

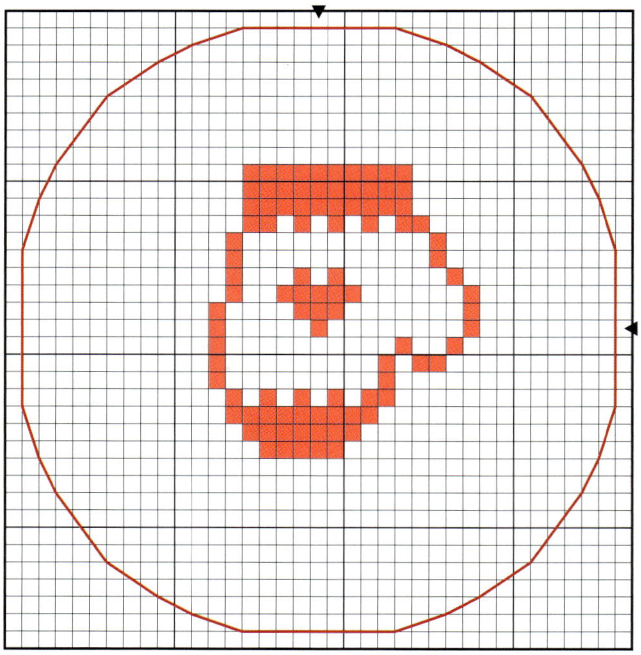

X	soie perlée
■	rouge
—	ligne de coupe

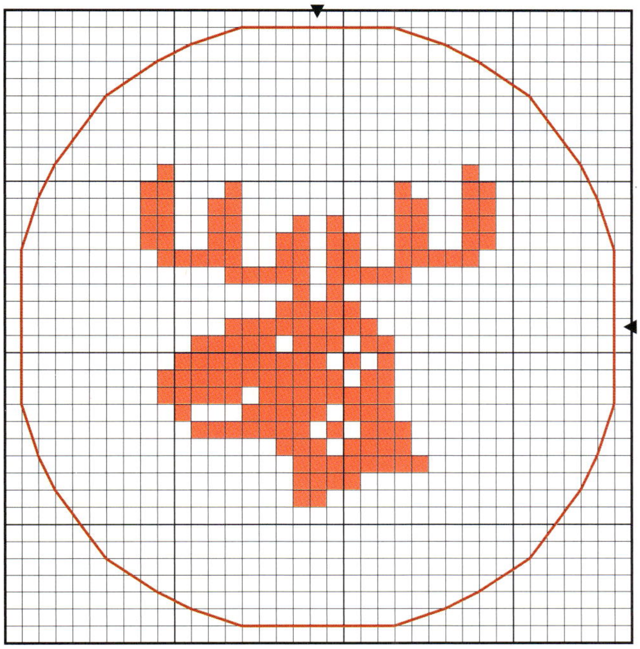

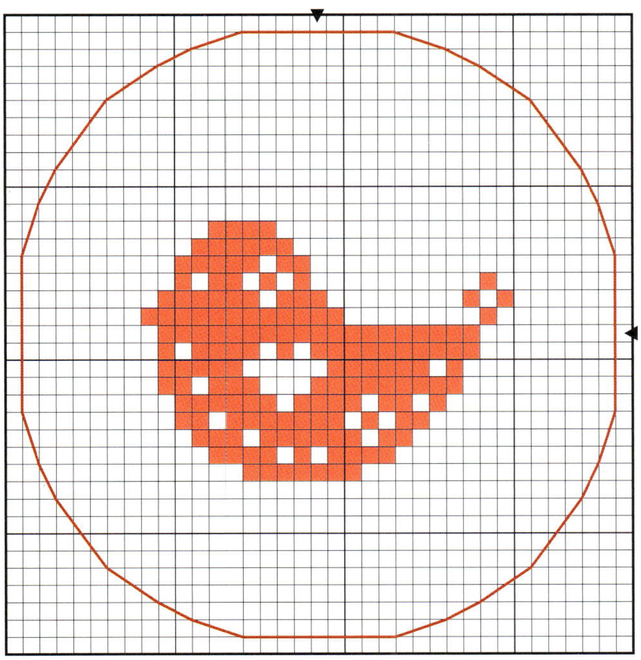

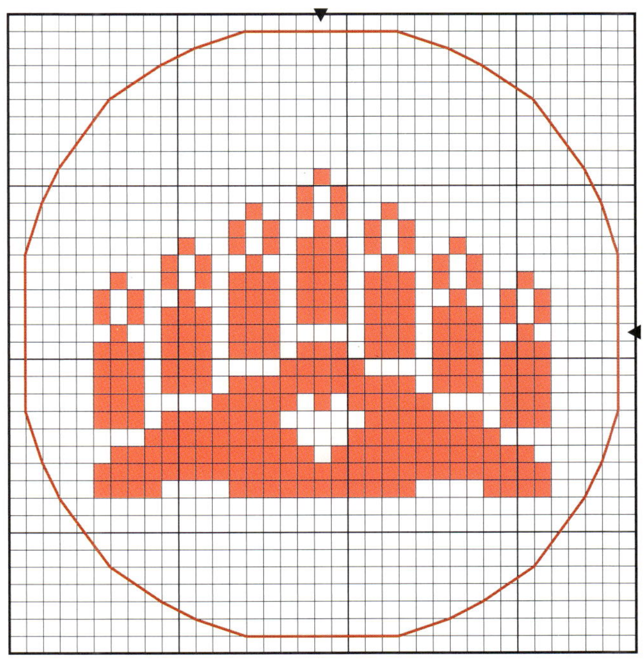

GRILLES VERSO

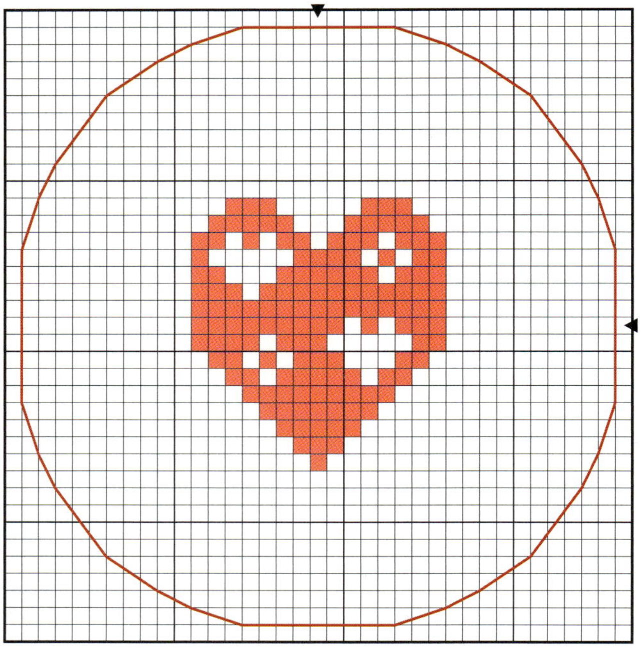

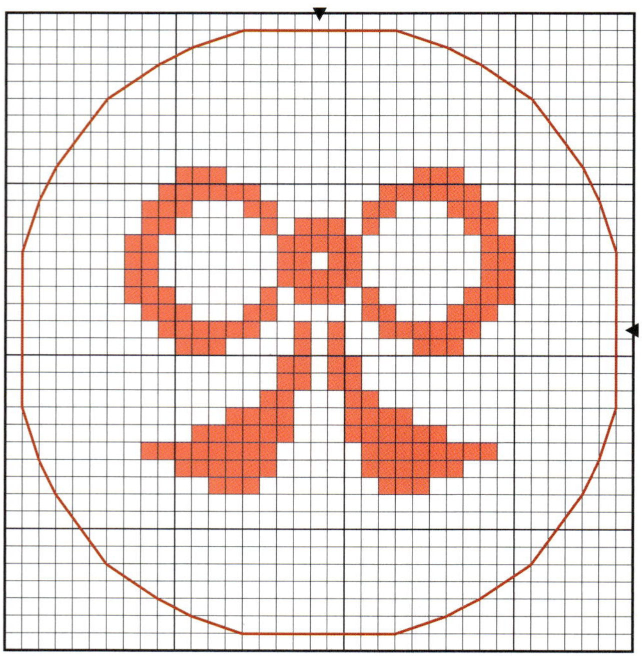

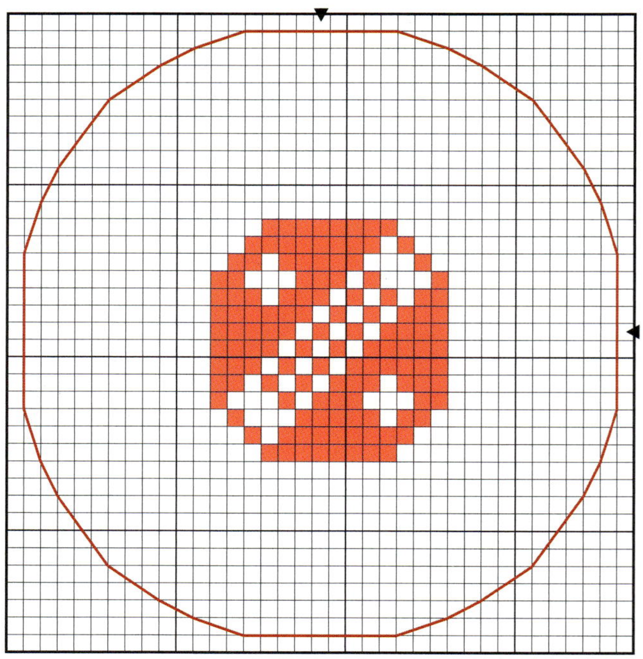

X	soie perlée
■	rouge
—	ligne de coupe

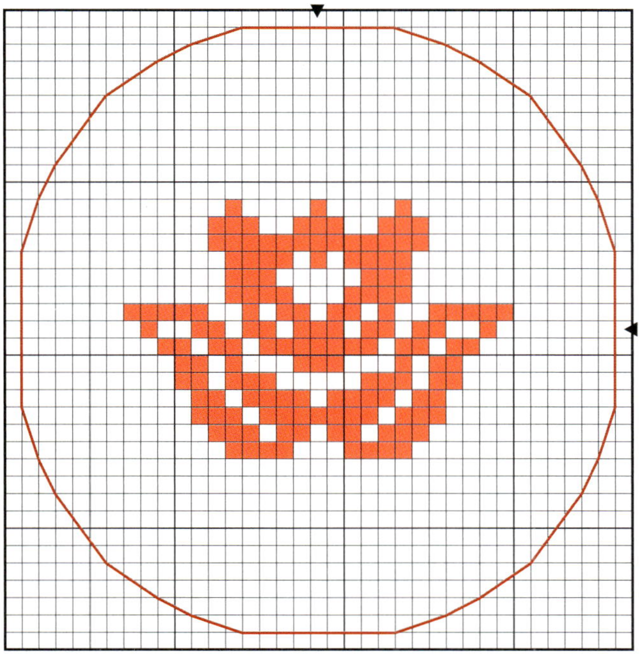

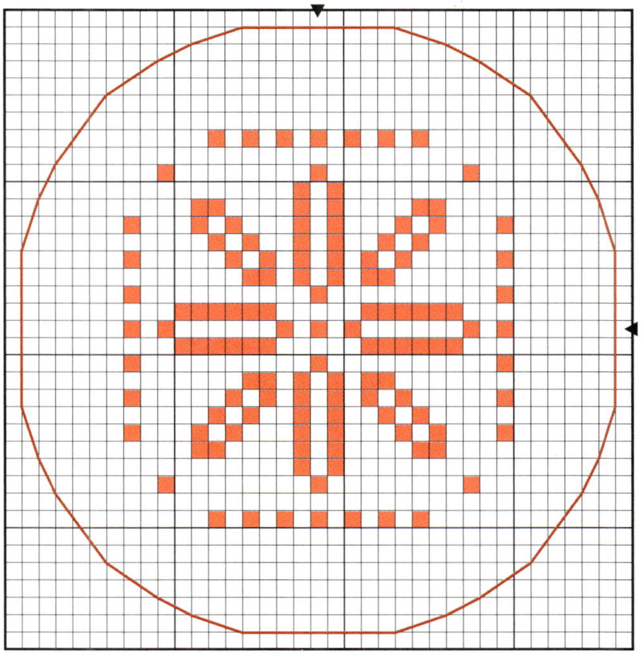

Couronne de Noël

DIMENSIONS

Fleurs : 29 x 29 points

Feuilles vertes : 12 x 50 points

Feuilles brunes : 12 x 32 points

Étoiles : 40 x 40 points

FOURNITURES

Pour le support

- 1 outil de coupe spécial loisirs créatifs (style scalpel)*
- 1 petite planche à découper de loisirs créatifs
- 1 anneau en métal de 20 cm de diamètre
- 1 feuille de carton perforé à broder de 23 x 24 cm* : IVOIRE – BRUN – BORDEAUX – VERT
- 4 m de ruban de soie à broder de 4 mm de large* : VERT BRUYÈRE

Pour les perles

- 2,5 g environ de micro-perles à broder 15/0* : 6408 PETITE BORDEAUX – 4204 OR
- 1 aiguille à perles n°12* ou aiguille à quilter
- Fil à coudre assorti au carton perforé
- Des ciseaux de broderie*

Pour la broderie

- 1 bobine de fil métallisé n°40 (Fil au Chinois – Sajou) : 110 VIEIL OR

* *fournitures en vente sur www.azilizcreation.fr*

RÉALISATION

Retrouvez les grilles ci-après

Gainez l'anneau en métal avec le ruban de soie, au point de feston.

Les fleurs

À l'aide de l'outil de coupe et du schéma de coupe, réalisez :

- 5 fleurs dans le carton perforé IVOIRE,
- 5 cœurs de fleurs dans le carton perforé BORDEAUX.

Positionnez le cœur des fleurs au centre de la fleur. Maintenez-les ensemble en fixant des perles 4204 OR au demi-point de croix avec le fil métallisé n°40 110 VIEIL OR.

Terminez en brodant 1 rang de perles 6408 PETITE BORDEAUX autour du cœur, au demi-point de croix avec 1 fil à coudre bordeaux.

Les feuilles

À l'aide de l'outil de coupe et du schéma de coupe, réalisez :

- 10 feuilles F1 dans le carton perforé VERT,
- 10 feuilles F2 dans le carton perforé BRUN.

Les étoiles

À l'aide de l'outil de coupe et du schéma de coupe, réalisez :

- 1 étoile E1 et 1 étoile E2 dans le carton perforé IVOIRE.
- 1 étoile E1 et 1 étoile E2 dans le carton perforé BORDEAUX.

Brodez les perles et le point de croix en vous référant aux grilles.

MONTAGE

Positionnez les éléments sur l'anneau en métal gainé.

Fixez-les à l'anneau par quelques points piqués dans le ruban, avec le fil métallisé n°40 110 VIEIL OR.

24

SCHÉMA DE COUPE

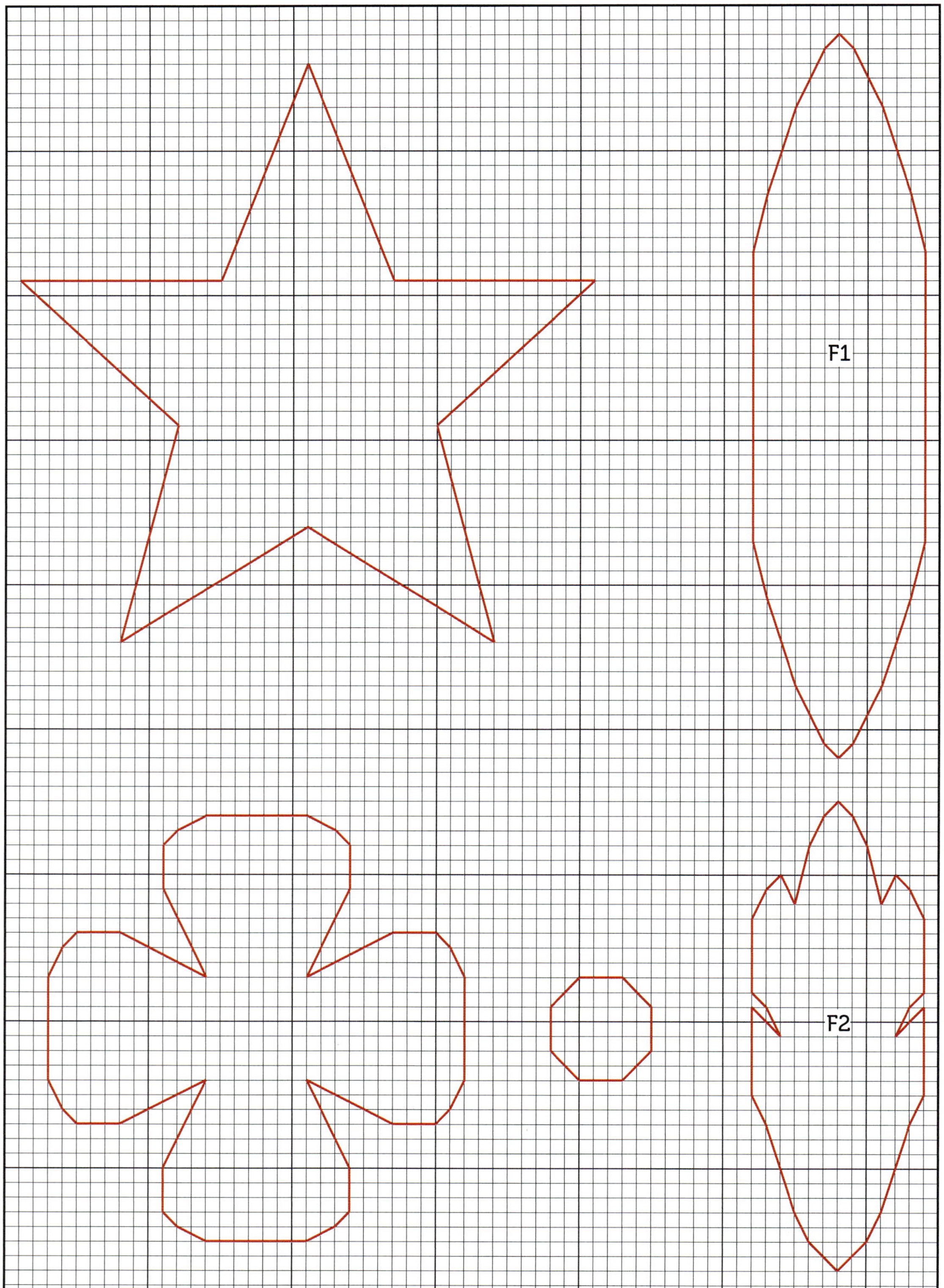

GRILLE ÉTOILE E1

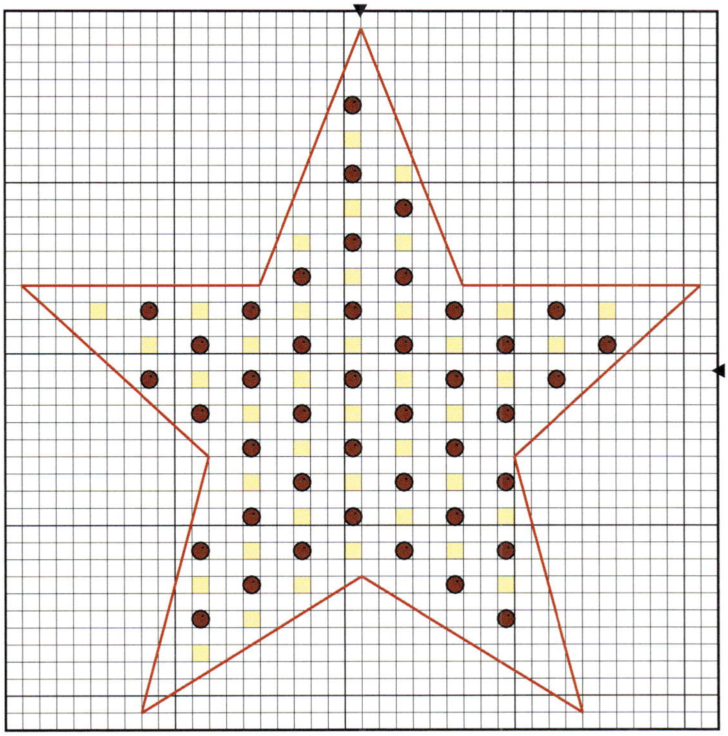

X Fil métallisé

vieil or

micro-perles

6408 (pour le carton perforé ivoire)

4204 (pour le carton perforé bordeaux)

ligne de coupe

GRILLE ÉTOILE E2

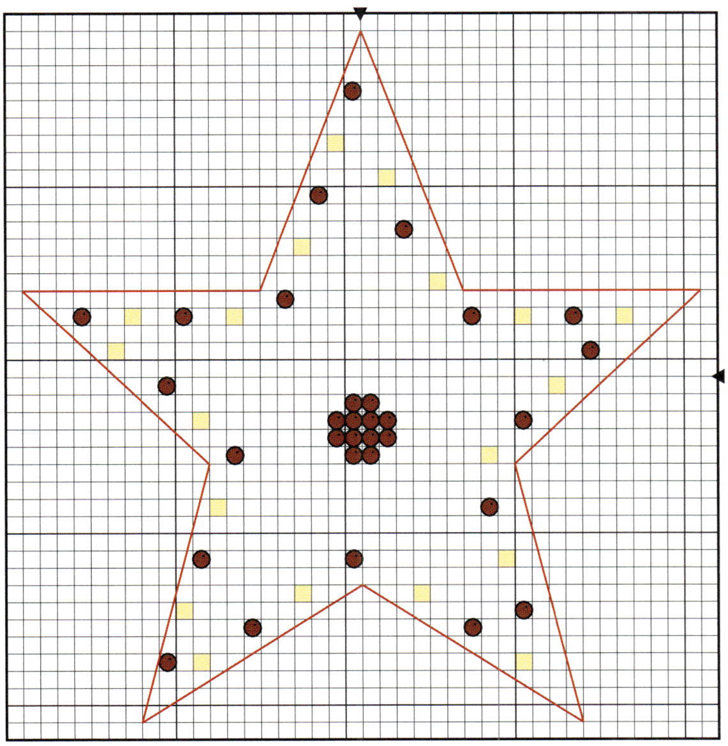

GRILLE FLEUR

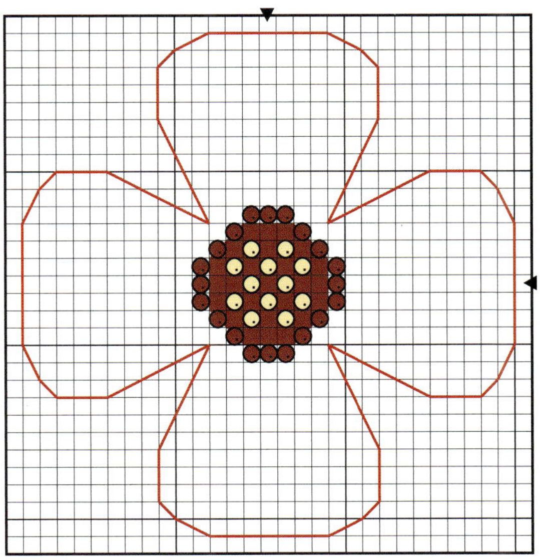

micro-perles

6408

4204

ligne de coupe

Guirlande lumineuse

DIMENSIONS

38 x 47 points (par cône)

FOURNITURES

Pour le support :

- 1 outil de coupe spécial loisirs créatifs (style scalpel)*
- 1 petite planche à découper de loisirs créatifs
- 1 guirlande lumineuse avec 10 ampoules LED
- 2 feuilles de carton perforé à broder de 23 x 24 cm* : blanc

Pour les perles :

- 2,5 g environ de micro-perles à broder 15/0* : 4281 bleu marine cristal
- 1 aiguille à perles n°12* ou aiguille à quilter
- Fil à coudre assorti au carton perforé
- 1 paire de ciseaux de broderie*

* *fournitures en vente sur www.azilizcreation.fr*

RÉALISATION

À l'aide de l'outil de coupe spécial carton perforé, coupez le contour des cônes 10 fois dans le carton perforé, en vous référant au schéma de coupe. Vous pouvez vous aider en traçant les lignes de coupe au critérium sur l'envers de la feuille.

Réalisez les motifs ajourés de la même manière.

Brodez les perles au ras des cônes en utilisant un fil à coudre blanc.

MONTAGE

Montez les cônes sur chaque ampoule en faisant se chevaucher légèrement les bords latéraux. Maintenez-les ensemble par quelques points de broderie.

SCHÉMA DE COUPE

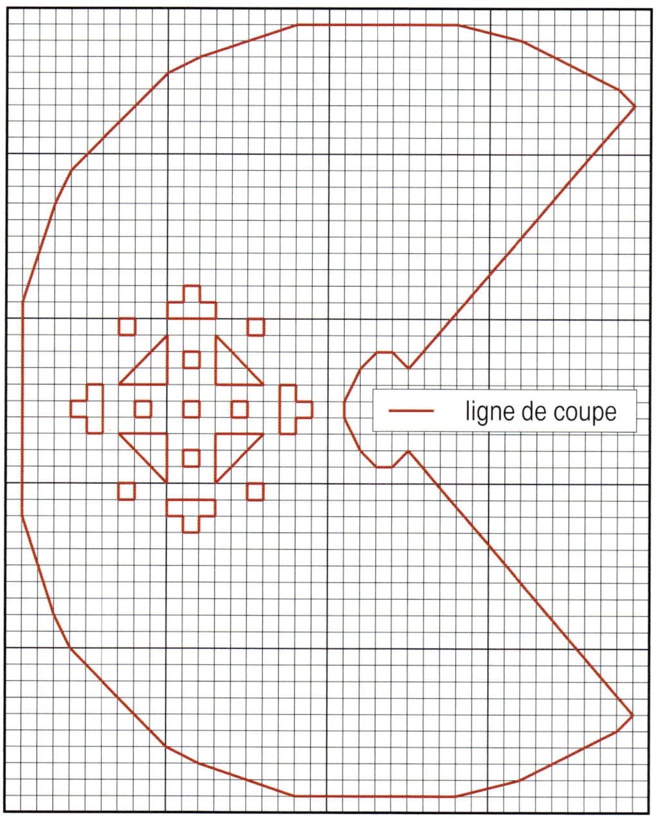

Season's Greetings

Botte de Noël

DIMENSIONS

158 x 87 points

FOURNITURES

Pour le support

- 1 outil de coupe spécial loisirs créatifs (style scalpel)*
- 1 petite planche à découper de loisirs créatifs
- 1 feuille de carton perforé à broder de 23 x 24 cm* : ROUGE – BLANC
- Quelques chutes de carton perforé à broder* : VERT
- 20 cm de ruban à broder de 4 mm de large (Sajou) : 204 ROUGE
- 1 bobine de fil métallisé n°40 (Fil au Chinois – Sajou) : 210 ROUGE

Pour les perles

- 2,5 g environ de micro-perles à broder 15/0 * : 420 BLANC PERLE NACRÉ – 6409 PETITE ROUGE
- 1 aiguille à perles n°12* ou aiguille à quilter
- Fil à coudre assorti au carton perforé
- 1 paire de ciseaux de broderie*

Pour la broderie

- 1 cartonnette de laine Saint-Pierre (Sajou) : 100 BLANC
- 1 aiguille à tapisser à bout rond* n°26

---

* *fournitures en vente sur www.azilizcreation.fr*

RÉALISATION

Retrouvez la grille ci-après.

À l'aide de l'outil de coupe spécial, coupez la silhouette de la botte dans le carton perforé ROUGE, en vous référant au schéma de coupe. Vous pouvez vous aider d'un critérium en traçant le contour sur l'envers du carton.

Faites de même pour les pièces à couper dans le carton perforé BLANC et VERT. Réservez les cœurs coupés dans le carton perforé BLANC. Brodez les motifs au point de croix sur le corps de la botte avec 2 brins de laine Saint-Pierre 100.

MONTAGE

Appliquez la frise sur le bord supérieur de la botte et fixez les 2 épaisseurs ensemble en brodant les perles 6409 PETITE ROUGE : maintenez-les par un demi-point de croix en utilisant un fil à coudre blanc qui traversera les 2 épaisseurs de carton.

Appliquez les empiècements du talon et de la pointe et maintenez les 2 épaisseurs ensemble par un point arrière avec 2 brins de fil métallisé n°40 210 ROUGE.

Appliquez les cœurs sur le corps de la botte et fixez les 2 épaisseurs ensemble en brodant les perles 6409 PETITE ROUGE : maintenez-les par un demi-point de croix en utilisant un fil à coudre blanc qui traversera les 2 épaisseurs de carton.

Appliquez les sapins sur le corps de la botte et fixez les 2 épaisseurs ensemble en brodant les perles 420 BLANC : maintenez les perles par un demi-point de croix en utilisant un fil à coudre vert qui traversera les 2 épaisseurs de carton.

FINITIONS

Pliez la botte en 2, envers contre envers. Maintenez les 2 faces l'une à l'autre par un point de feston réalisé avec 1 brin de laine Saint-Pierre 100.

Pliez le ruban en 2. Glissez les extrémités sur 1 cm environ, à la pliure de la botte, et fixez à l'ensemble par un point de broderie.

SCHÉMA DE COUPE

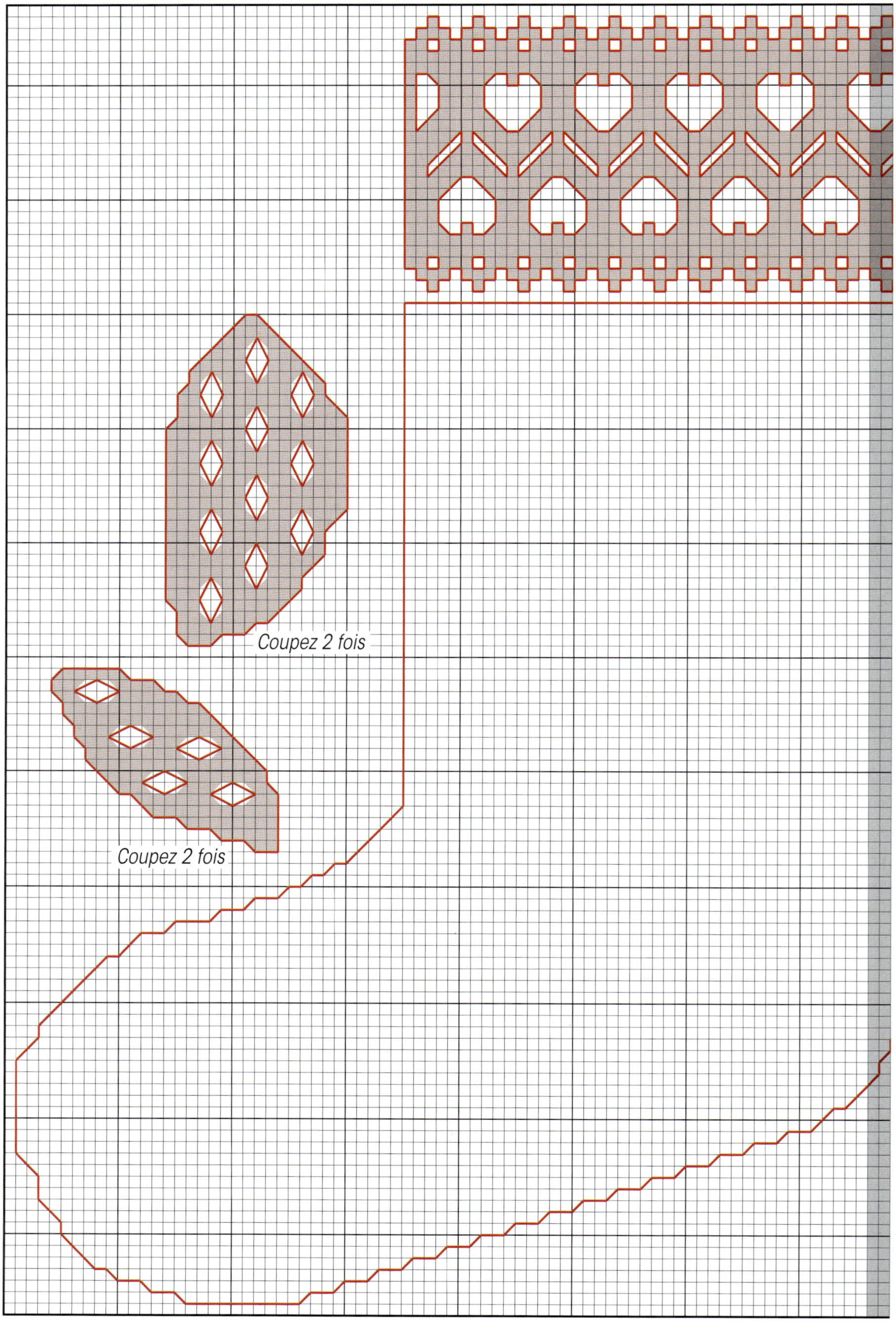

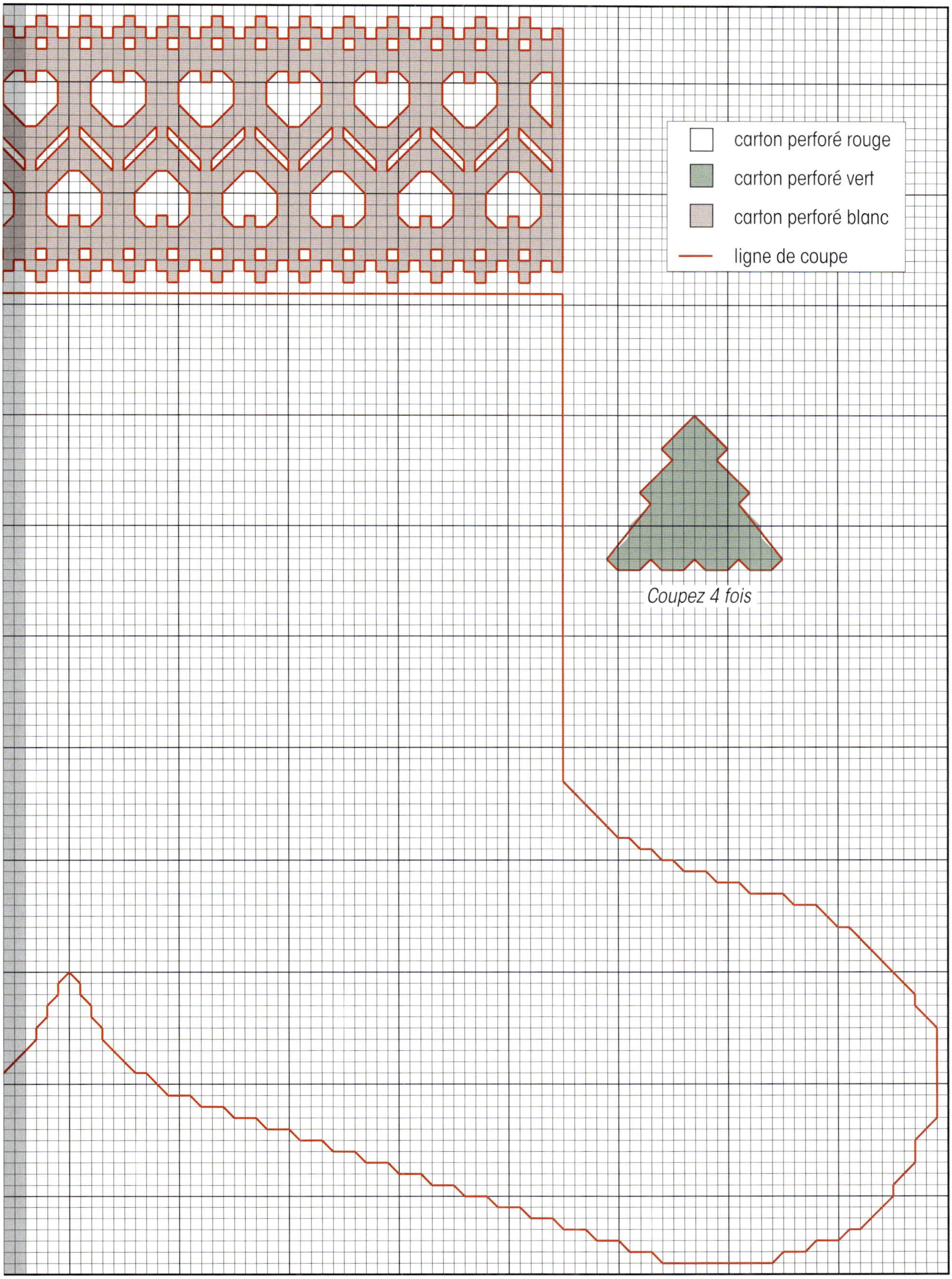
carton perforé rouge
carton perforé vert
carton perforé blanc
ligne de coupe
Coupez 4 fois

GRILLE

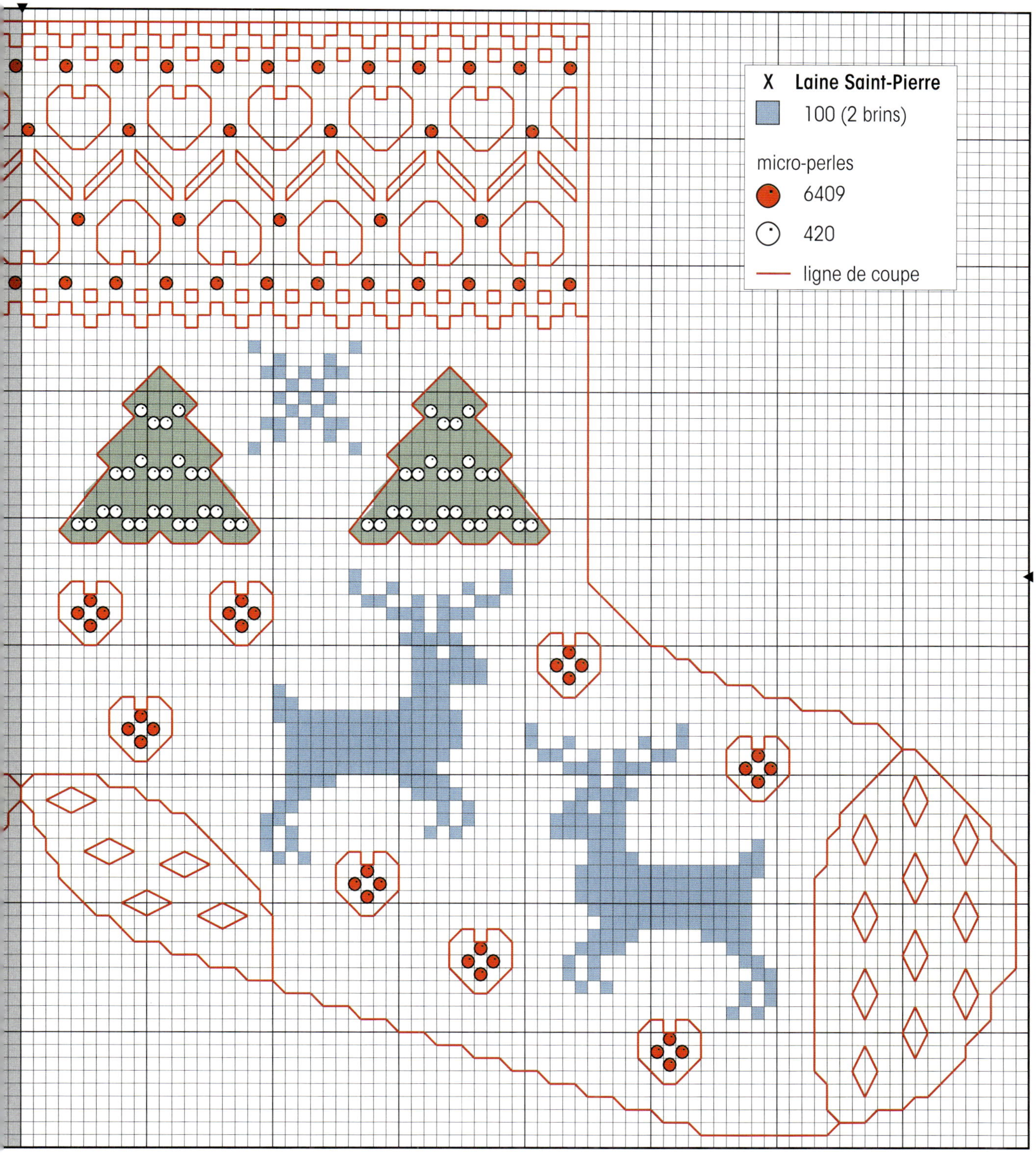
X Laine Saint-Pierre
100 (2 brins)
micro-perles
6409
420
ligne de coupe

Moufle de Noël

DIMENSIONS

108 x 65 points

FOURNITURES

Pour le support

- 1 outil de coupe spécial loisirs créatifs (style scalpel)*
- 1 petite planche à découper de loisirs créatifs
- 1 feuille de carton perforé à broder de 23 x 24 cm* : VERT – BLANC
- 20 cm de ruban à broder de 4 mm de large (Sajou) : 204 ROUGE
- 1 bobine de fil métallisé n°40 (Fil au Chinois – Sajou) : 210 ROUGE

Pour les perles

- 2,5 g environ de micro-perles à broder 15/0* : 6409 PETITE ROUGE
- 1 aiguille à perles n°12* ou aiguille à quilter
- Fil à coudre assorti au carton perforé
- 1 paire de ciseaux de broderie*

Pour la broderie

- 1 cartonnette de laine Saint-Pierre (Fil au Chinois – Sajou) : 100 BLANC – 534 VERMILLON
- 1 aiguille à tapisser à bout rond* n°26

---

* *fournitures en vente sur www.azilizcreation.fr*

RÉALISATION

Retrouvez la grille ci-après.

À l'aide de l'outil de coupe spécial, coupez la silhouette de la moufle dans le carton perforé VERT, en vous référant au schéma de coupe. Vous pouvez vous aider d'un critérium en traçant le contour sur l'envers du carton perforé.

À l'aide de l'outil de coupe spécial, coupez dans le carton perforé BLANC les empiècements qui seront appliqués sur la moufle, en vous référant au schéma de coupe. Vous pouvez vous aider d'un critérium en traçant leur contour sur l'envers du carton perforé.

Brodez les motifs au point de croix sur le corps de la moufle avec 2 brins de laine Saint-Pierre 100.

Brodez les volutes au point arrière ainsi que les perles avec le fil métallisé n°40 210 ROUGE.

MONTAGE

Appliquez la frise sur le bord supérieur de la moufle et fixez les 2 épaisseurs ensemble en brodant les perles 6409 PETITE ROUGE : maintenez les perles par un demi-point de croix en utilisant un fil à coudre blanc qui traversera les 2 épaisseurs de carton. Vous pouvez également faire un point arrière le long du pli.

Appliquez l'empiècement de la pointe et maintenez les 2 épaisseurs ensemble par un point arrière réalisé avec 2 brins de fil métallisé n°40 210 ROUGE.

FINITIONS

Pliez la moufle en 2, envers contre envers.

Maintenez les 2 faces par un point de feston réalisé avec 2 brins de laine Saint-Pierre 534.

Pliez le ruban en 2. Glissez les extrémités sur environ 1 cm, à la pliure de la moufle, et fixez cette attache à l'ensemble par un point de broderie.

SCHÉMA DE COUPE

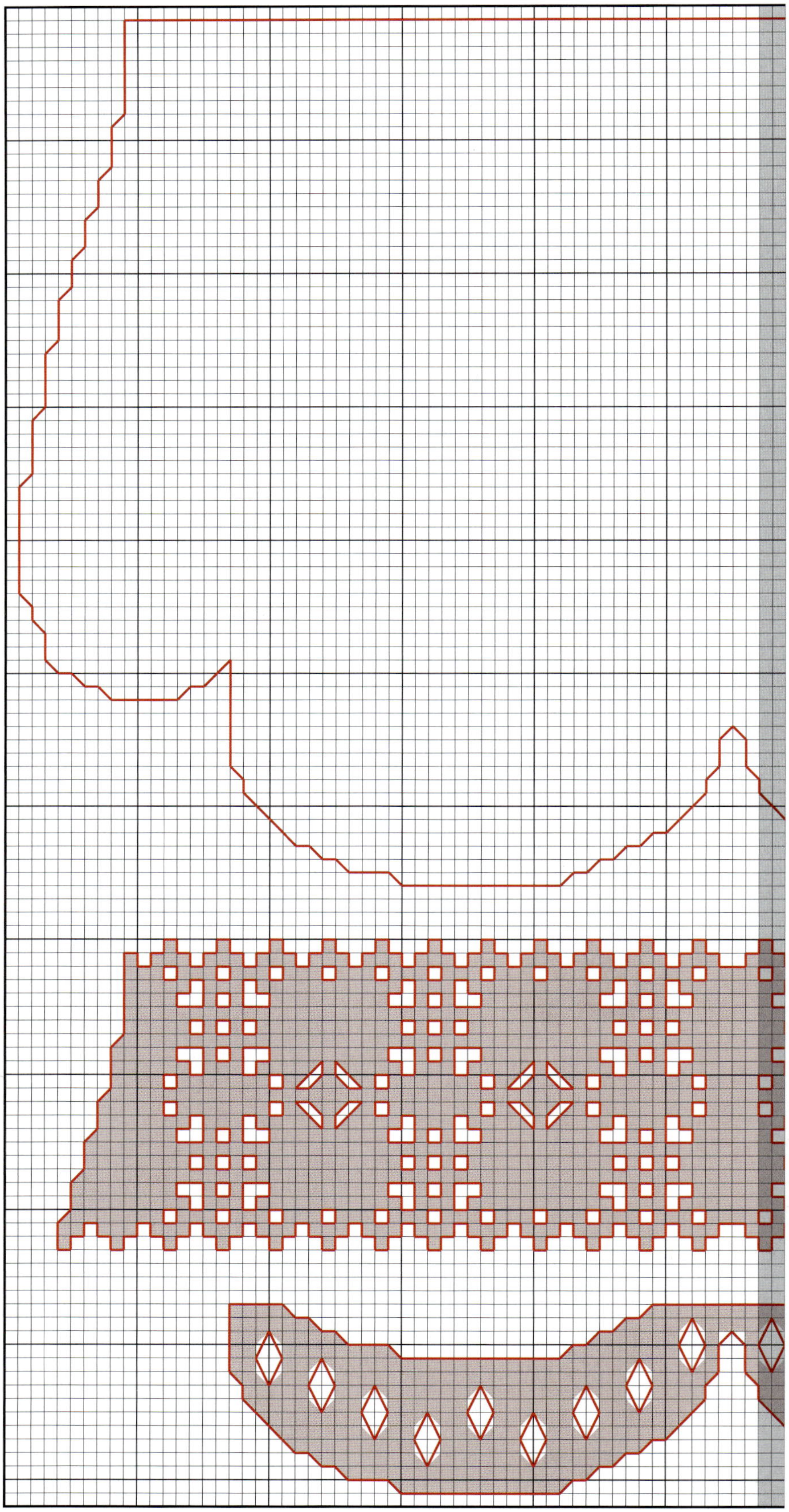

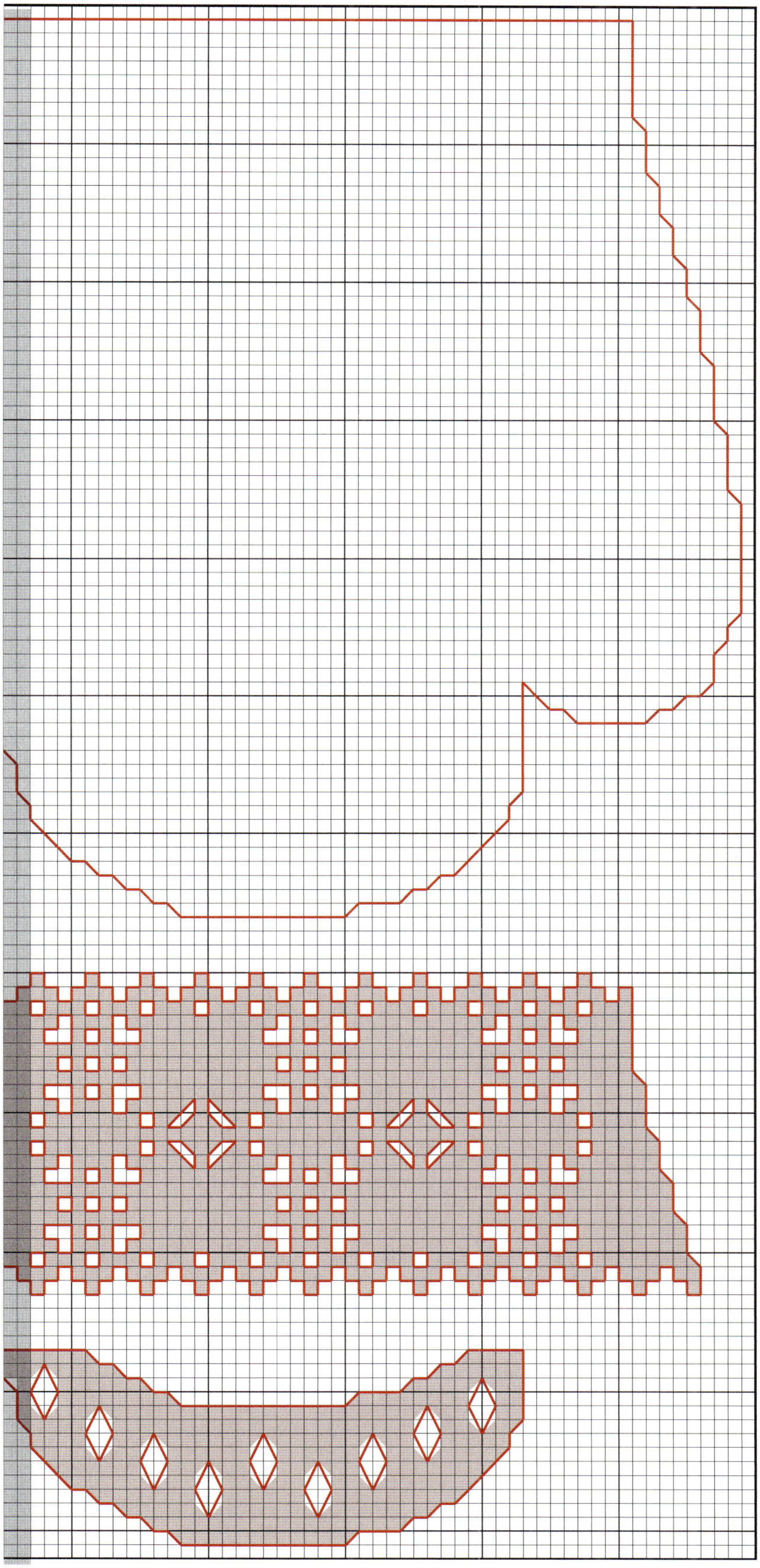

☐	carton perforé vert
■	carton perforé blanc
—	ligne de coupe

GRILLE

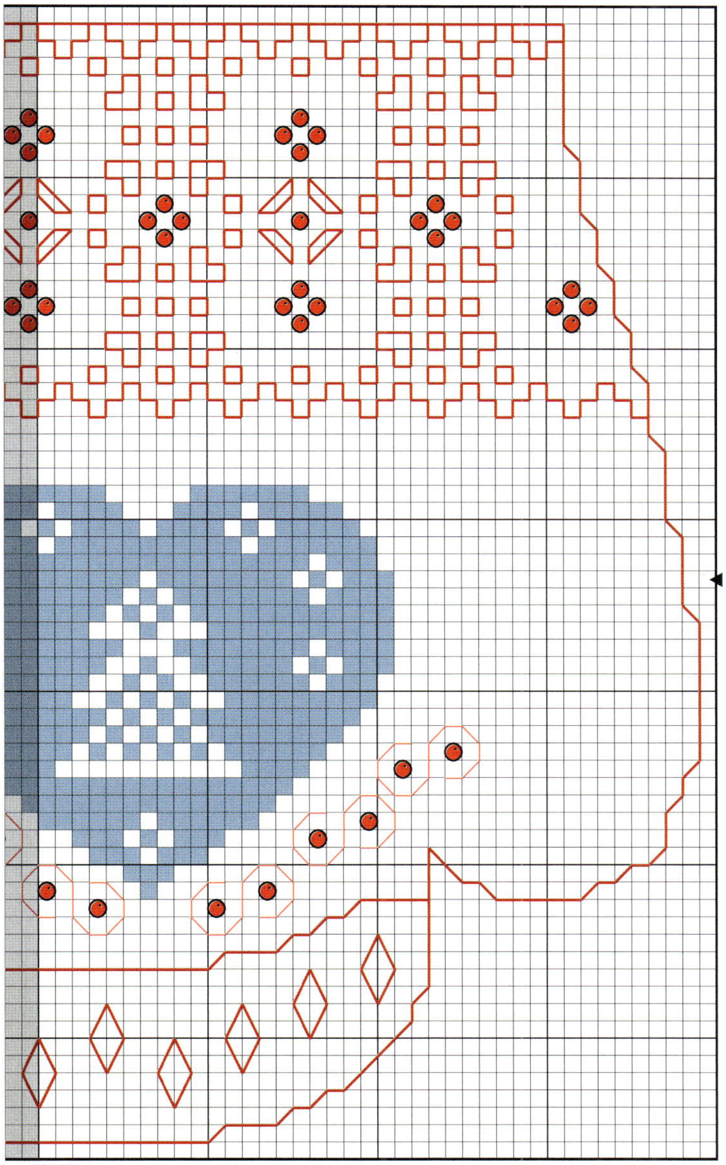

X	Laine Saint-Pierre
■	100 (2 brins)
point arrière	
—	534
micro-perles	
●	petite rouge
—	ligne de coupe

Carte de voeux

DIMENSIONS

Le fond : 127 x 120 points

La frise brodée : 121 x 40 points

FOURNITURES

Pour le support

- 1 outil de coupe spécial loisirs créatifs (style scalpel)*
- 1 petite planche à découper de loisirs créatifs
- 1 feuille de carton perforé à broder de 23 x 24 cm* : BLANC
- 50 cm de ruban à broder de 3 mm de large (Sajou) : 218 MANDARINE

Pour la broderie

- Fil à broder (2 brins de mouliné ou 1 fil de soie perlée ou 1 fil de coton perlé n°12) : BLEU ROY, VERT SAPIN et ROUGE VIF
- 1 aiguille à tapisser à bout rond* n°26
- 1 paire de ciseaux de broderie*

Pour les perles

- 2,5 g environ de micro-perles à broder 15/0* : 4204 OR CHAMPAGNE
- 1 aiguille à perles n°12* ou aiguille à quilter
- Fil à coudre blanc

* *fournitures en vente sur www.azilizcreation.fr*

RÉALISATION

Retrouvez la grille ci-après.

À l'aide de l'outil de coupe spécial carton perforé, réalisez les découpes dans le carton perforé BLANC, en vous référant à la grille.

Brodez les motifs au point de croix et au point arrière.

Fixez les perles 4204 OR par un demi-point de croix avec le fil à coudre blanc.

Coupez le ruban en 2 et glissez-le dans les fentes de chaque côté de la carte, en vous aidant d'une aiguille à tapisser à bout rond.

50
KATHIRI STATE OF

GRILLE

X

vert sapin

rouge vif

bleu roy

point arrière

rouge vif

bleu roy

micro-perles

4204

ligne de coupe

GRILLE

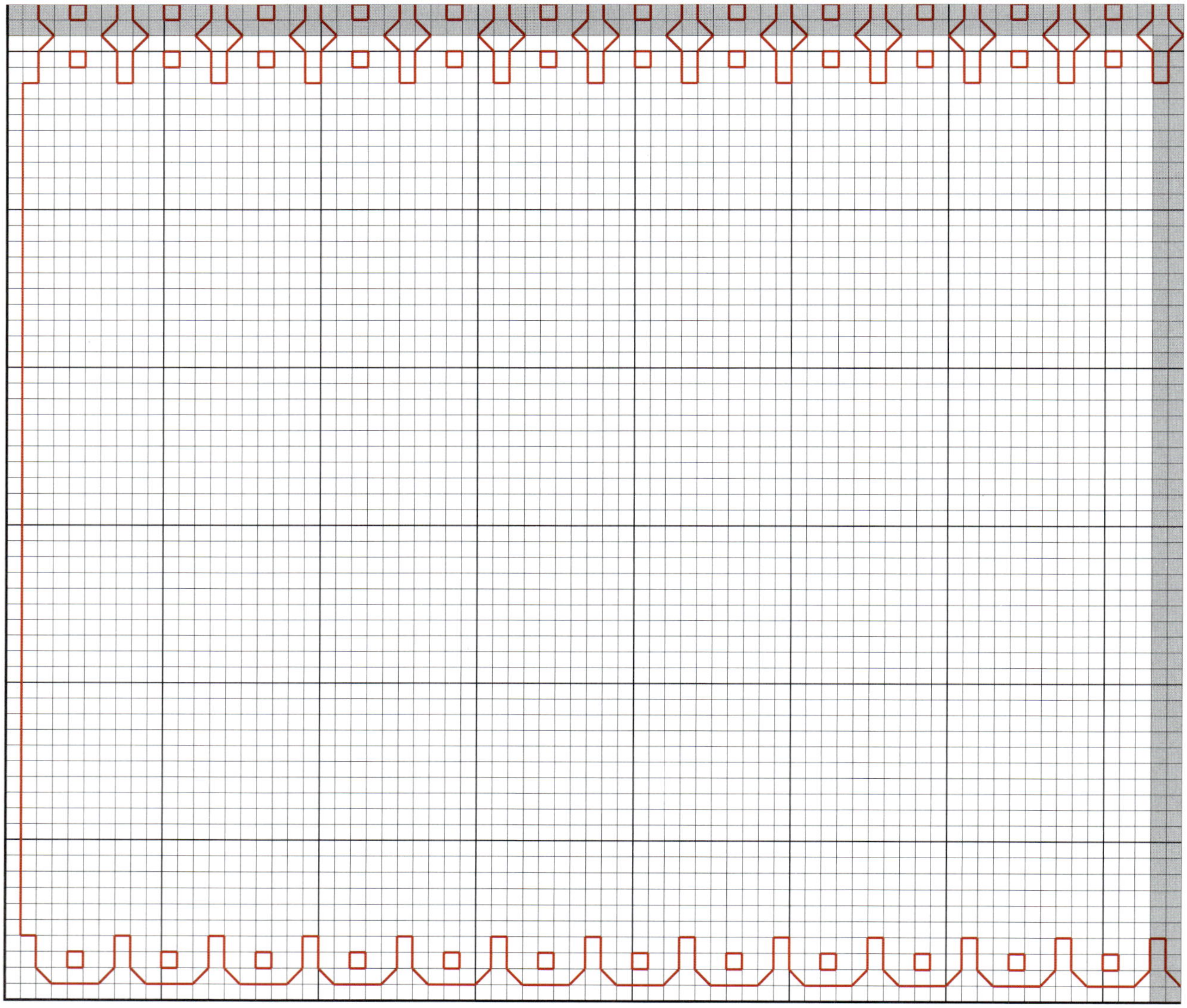

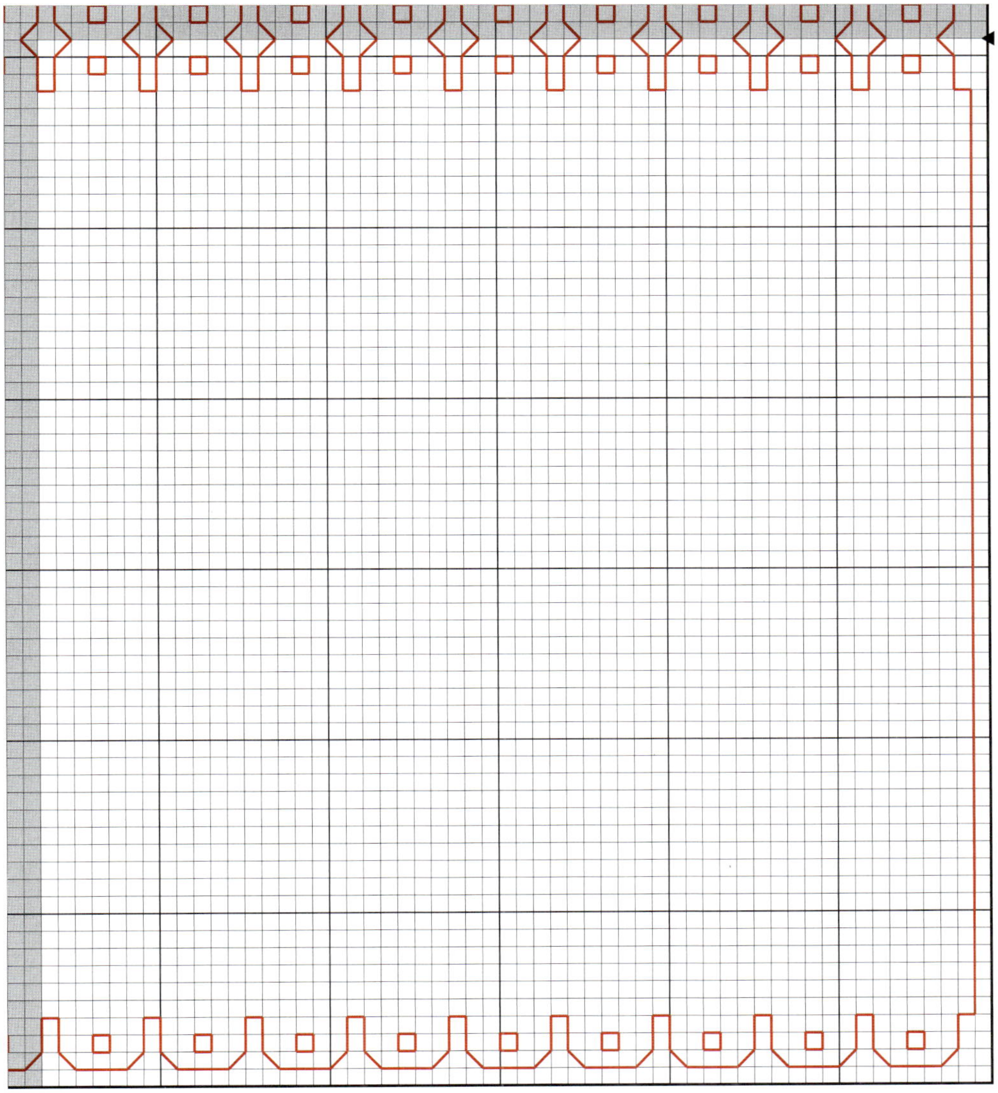

ligne de coupe

Sapin de table

DIMENSIONS

81 x 71 points (à plat)

FOURNITURES

Pour le support

- 1 outil de coupe spécial loisirs créatifs (style scalpel)*
- 1 petite planche à découper de loisirs créatifs
- 2 feuilles de carton perforé à broder de 23 x 24 cm* : BLANC

Pour les perles

- 2,5 g environ de perles à broder 11/0* : 2901 OR
- Perles à broder longues* : 7102 IRIS TRANSPARENT
- 1 aiguille à perles n°12* ou aiguille à quilter
- Fil à coudre assorti au carton perforé
- 1 paire de ciseaux de broderie*

Pour la broderie

- 1 bobine de fil métallisé n°40 (Fil au Chinois – Sajou) : 210 ROUGE
- 1 aiguille à tapisser à bout rond* n°26

* *fournitures en vente sur www.azilizcreation.fr*

RÉALISATION

Retrouvez la grille ci-après.

Avec un critérium, tracez 3 fois le contour du sapin sur l'envers du carton perforé BLANC.

À l'aide de l'outil de coupe spécial carton perforé, coupez le contour des sapins en suivant le tracé. Puis réalisez les motifs ajourés sur chaque face, en vous référant à la grille.

Appliquez les perles sur le carton perforé, fixez les perles rondes au demi-point de croix et les perles longues au point avant, avec le fil à coudre blanc.

MONTAGE

Assemblez les 3 faces les unes aux autres : pliez légèrement les sapins en 2 pour marquer leur centre.

Positionnez les demi-faces les unes contre les autres, envers contre envers. On obtient ainsi un sapin en volume reposant sur 3 pieds.

Fixez les demi-faces les unes aux autres, par des points avant brodés avec 2 brins de fil métallisé n°40 210 ROUGE : la moitié droite de la première face à la moitié gauche de la deuxième face, la moitié droite de la deuxième face à la moitié gauche de la troisième face, et la moitié droite de la troisième face à la moitié gauche de la première face.

GRILLE

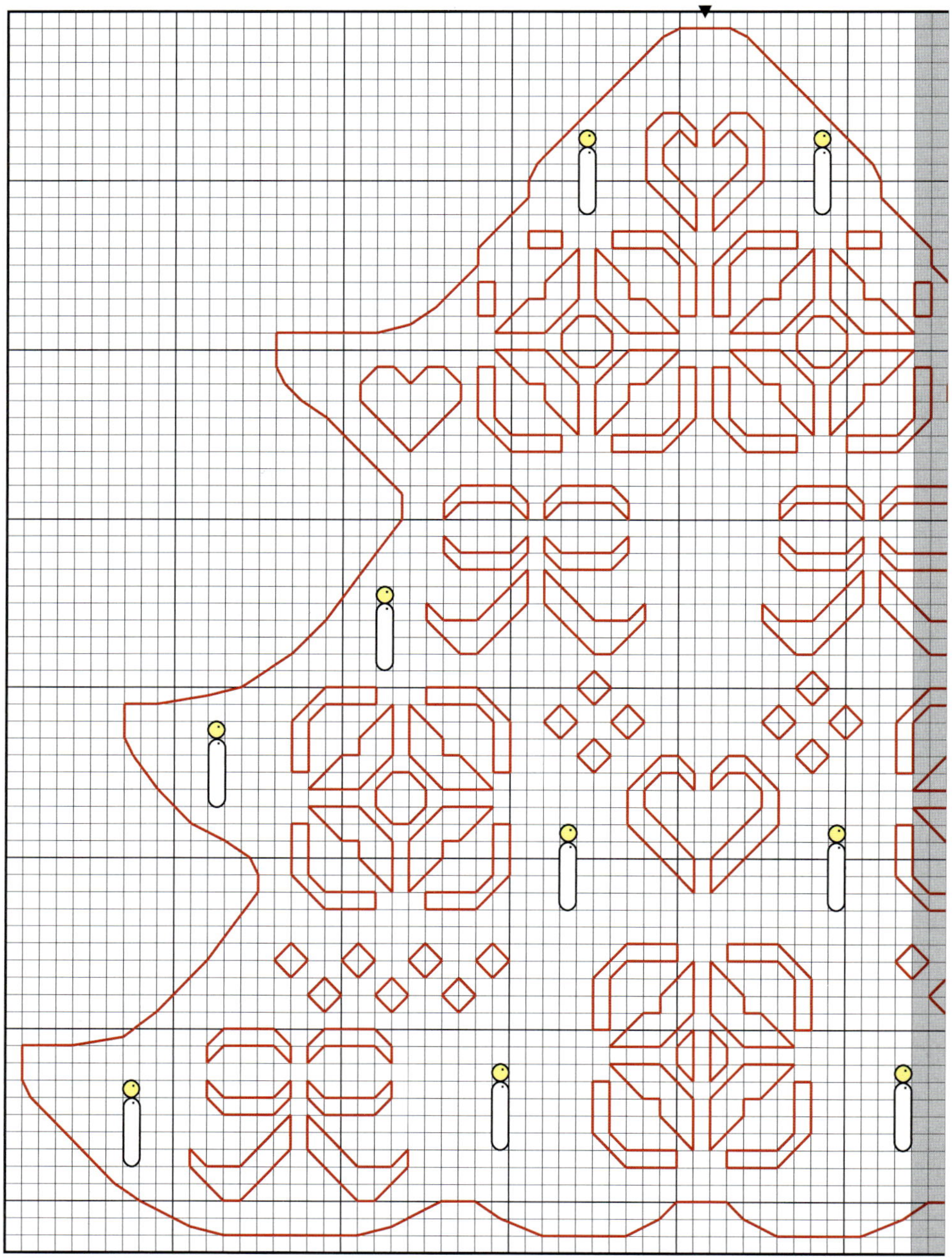

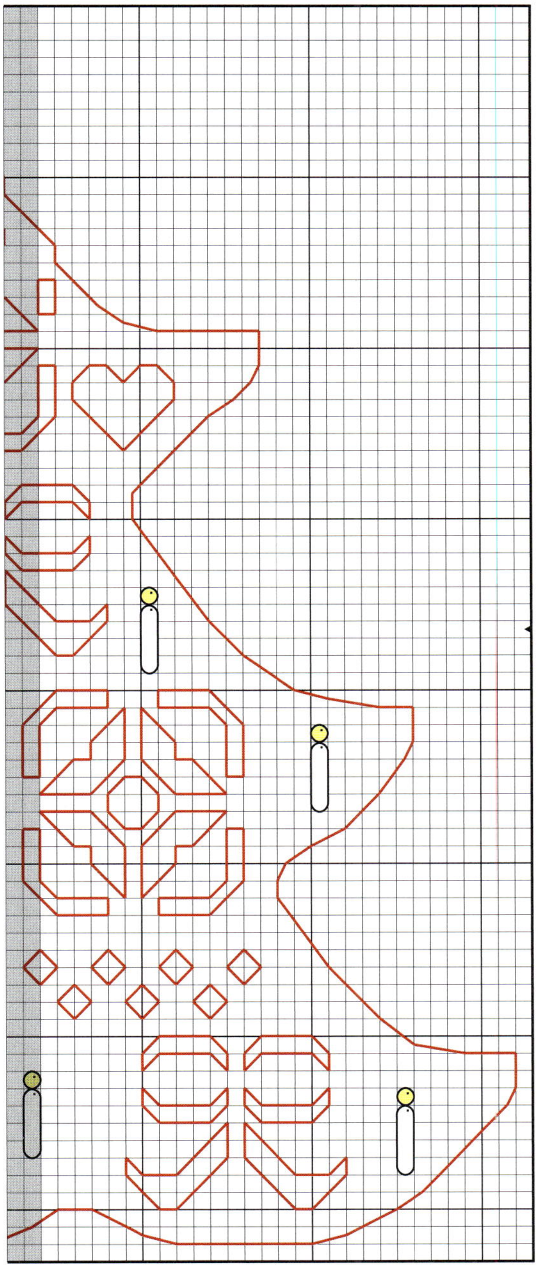

perles

11/0 2901

7102 Iris Transparent

ligne de coupe

Étiquettes cadeaux

DIMENSIONS

Étiquette ronde : 43 x 48 points

Étiquette carrée : 43 x 43 points

FOURNITURES

Pour le support

- 1 outil de coupe spécial loisirs créatifs (style scalpel)*
- 1 petite planche à découper de loisirs créatifs
- 1 feuille de carton perforé à broder de 23 x 24 cm* : BRUN – IVOIRE
- 50 cm de ruban à broder de 4 mm de large (Sajou) : 204 ROUGE

Pour la broderie

- Un modèle de lettres anciennes à broder au point de croix avec le fil de votre choix (2 brins de mouliné, soie perlée, coton perlé n°12, ou fil métallisé)
- 1 aiguille à tapisser à bout rond* n°26 ou n°28

---

* *fournitures en vente sur www.azilizcreation.fr*

RÉALISATION

À l'aide de l'outil de coupe spécial carton perforé, coupez le contour de l'étiquette carré dans le carton perforé IVOIRE et celui de l'étiquette ronde dans le carton perforé BRUN, en vous référant à la ligne de coupe. Vous pouvez aussi tracer les contours sur l'envers de la feuille à l'aide d'un critérium, et les couper aux ciseaux pour papier.

Réalisez les motifs intérieurs à l'aide de l'outil de coupe, en vous référant aux schémas de coupe.

Brodez le prénom ou l'initiale de votre choix.

FINITION

Coupez le ruban en 2 et nouez un morceau dans la boucle de l'étiquette ronde et l'autre dans un angle de l'étiquette carré.

SCHÉMA DE COUPE ÉTIQUETTE CARRÉE

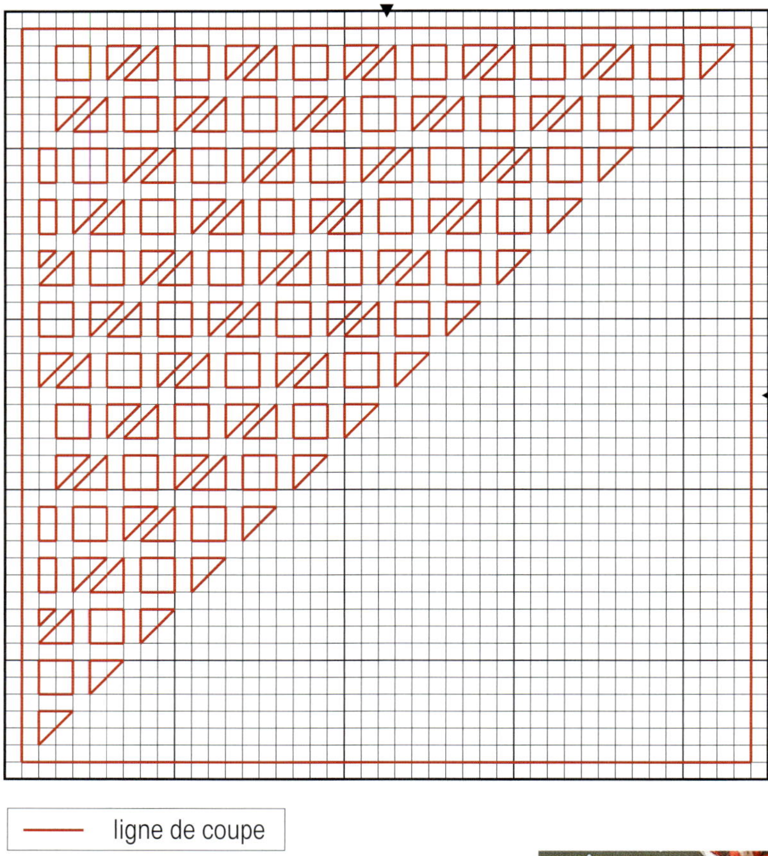

SCHÉMA DE COUPE ÉTIQUETTE RONDE

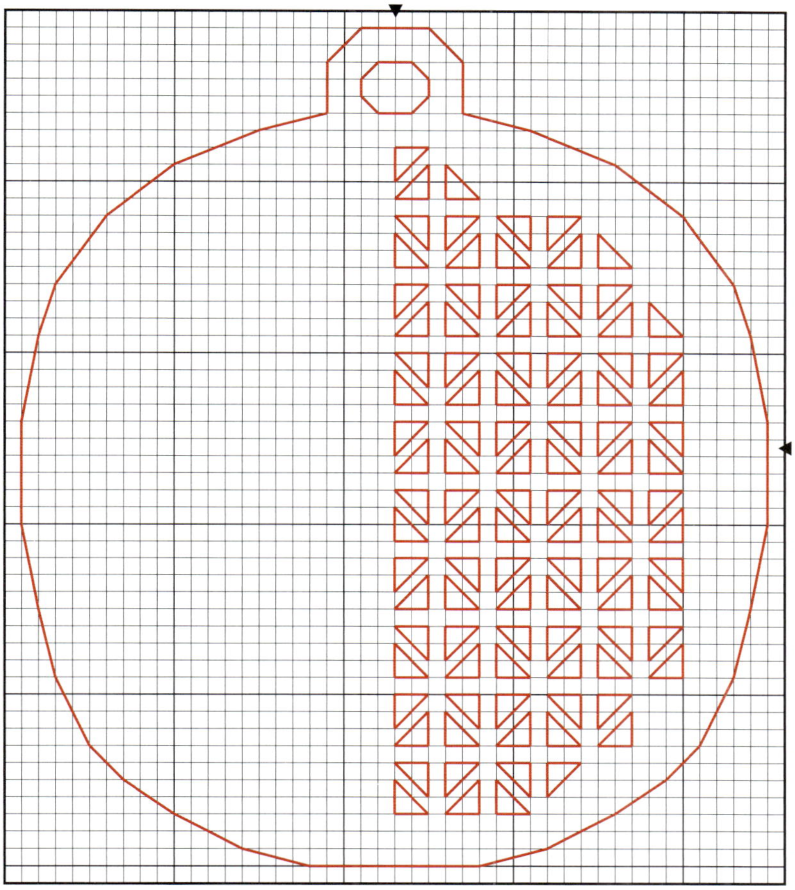

ligne de coupe

Marque-place « Léon »

DIMENSIONS

Cadeau : 40 x 45 points

Luge : 77 x 102 points

FOURNITURES

Pour le support

- 1 outil de coupe spécial loisirs créatifs (style scalpel)*
- 1 petite planche à découper de loisirs créatifs
- 1 feuille de carton perforé à broder de 23 x 24 cm* : ROUGE
- 1 chute de carton perforé à broder* : BLANC

• Pour la broderie

- 1 échevette de fil tressé métallisé n°4* : BLANC NACRÉ
- 1 bobine de fil métallisé n°40 (Fil au Chinois – Sajou) : 270 SAPIN
- 40 cm de ruban de 4 mm de large (Sajou) : 204 ROUGE
- 1 aiguille à tapisser à bout rond* n°26 ou n°28
- 1 paire de ciseaux de broderie*

Pour le montage

- De la colle blanche solide

** fournitures en vente sur www.azilizcreation.fr*

RÉALISATION

Retrouvez les grilles ci-après.

Pour le cadeau

À l'aide de l'outil de coupe spécial carton perforé, coupez le contour du cadeau dans la chute de carton perforé BLANC.
Vous pouvez vous aider en traçant le contour sur l'envers du carton perforé, à l'aide d'un critérium.

Brodez le motif au point de croix avec 2 brins de fil métallisé n°40 270 SAPIN.

Marquez les plis du cadeau.

Encollez les rabats, côté endroit, puis assemblez les faces du cadeau les unes aux autres en collant les rabats sur les faces internes latérales.

Nouez 30 cm de ruban autour du cadeau et coupez l'excédent si besoin.

Pour la luge

À l'aide de l'outil de coupe spécial carton perforé, coupez le contour du marque-place dans le carton perforé ROUGE.
Vous pouvez vous aider en traçant le contour sur l'envers du carton perforé, à l'aide d'un critérium.

Brodez le motif de votre choix au point de croix et au point arrière, ainsi que les étoiles au point lancé croisé, avec le fil tressé métallisé n°4 BLANC NACRÉ. Réservez.

MONTAGE

Fixez le cadeau sur la face du marque-place située au-dessus de la face brodée.
Pour ce faire, faites sortir 10 cm de ruban au centre de la face destinée à accueillir le cadeau. Glissez-le entre la croisée du nœud (sous le cadeau) et le carton perforé à broder et repiquez à côté du point de sortie.

Nouez sur l'envers. Vous pouvez aussi coller le cadeau, mais cela risque d'être moins solide.

Marquez les plis du marque-place.

Encollez le rabat, côté endroit, puis pressez-le contre la face interne du marque-place pour le fermer.

Léon

GRILLE « CADEAU »

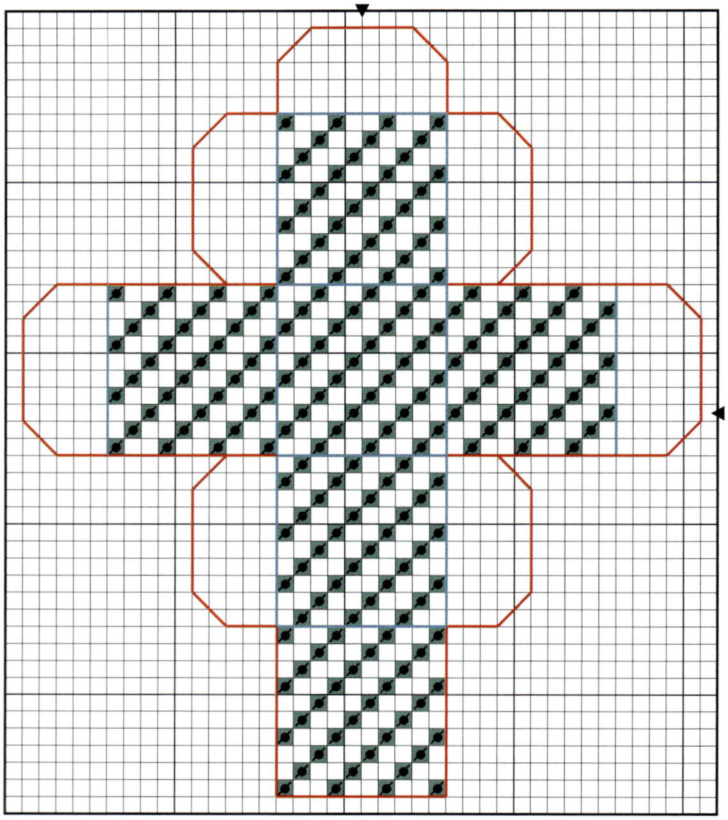

X	**fil métallisé n°40 (Sajou)**
■	270
——	ligne de coupe
——	pliure

GRILLE « LUGE »

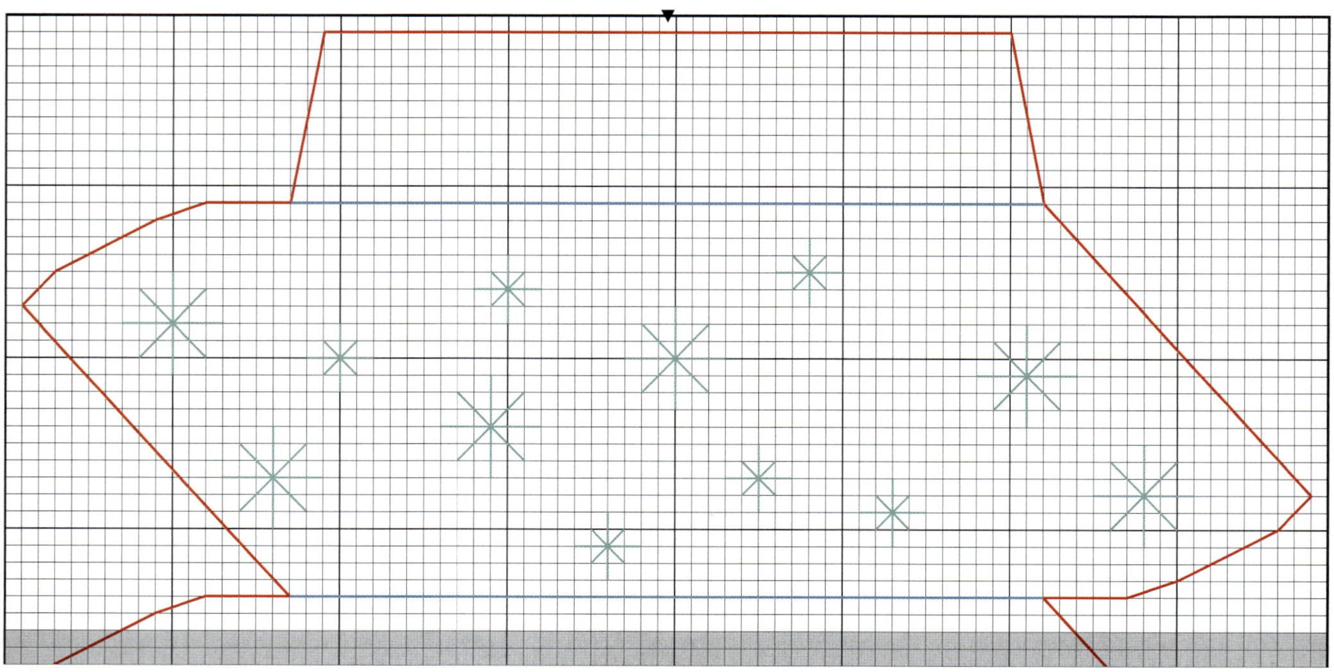

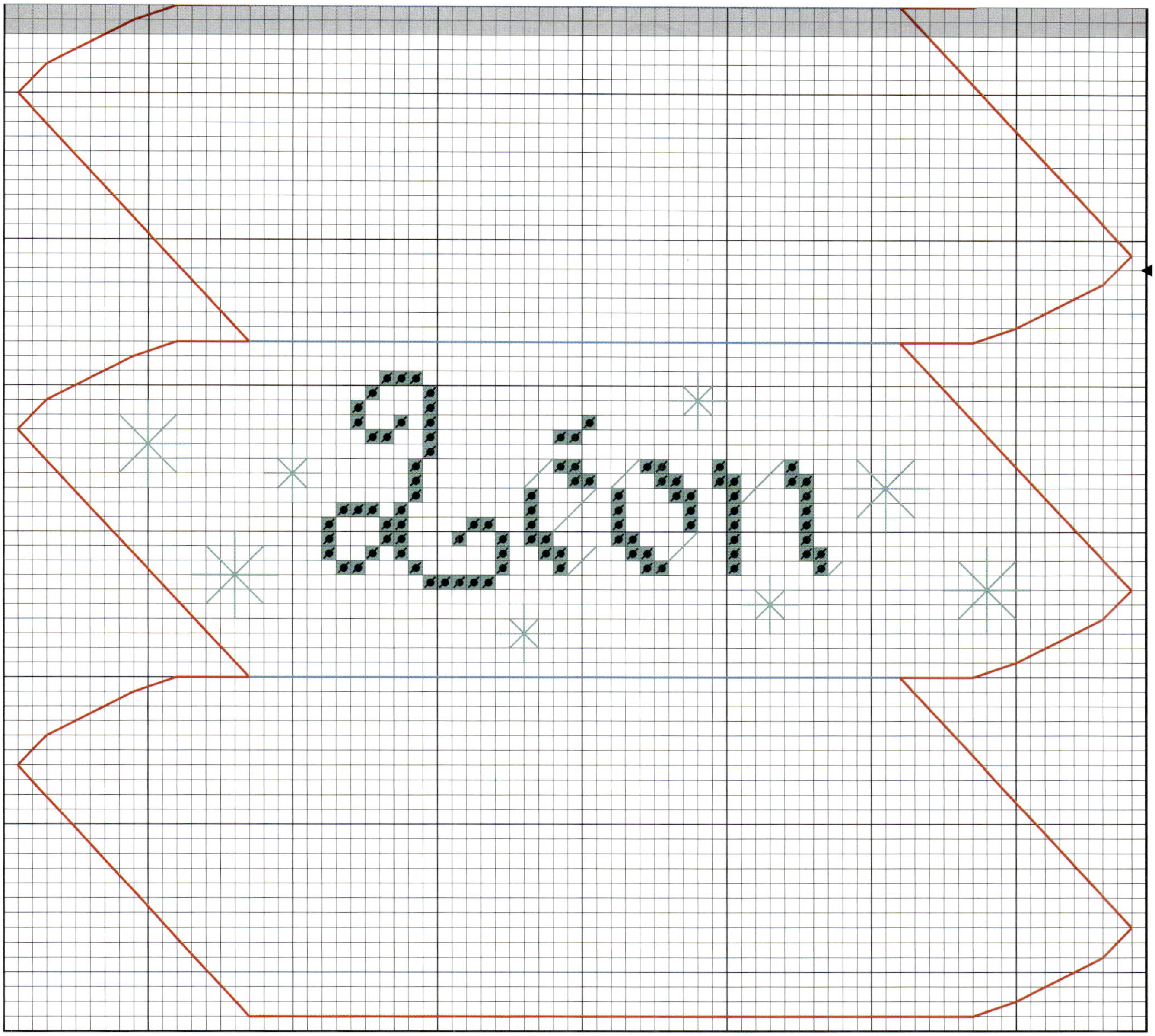

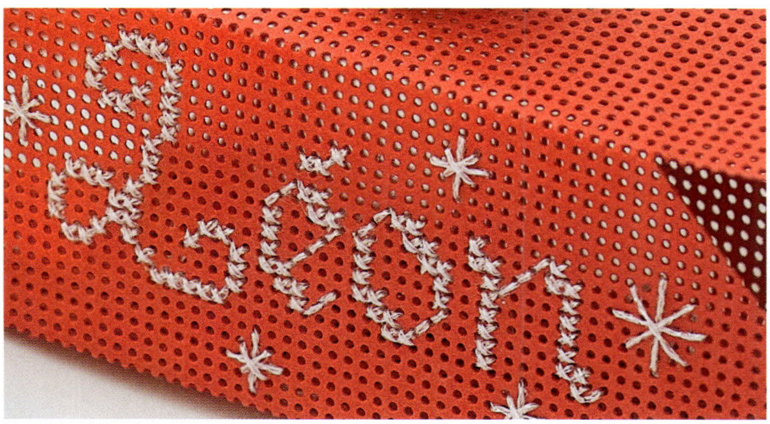

X fil métallisé n°4

- blanc nacré

point lancé croisé

- blanc nacré

point arrière

- blanc nacré
- ligne de coupe
- pliure

Ballotin

DIMENSIONS

107 x 144 points

FOURNITURES

Pour le support

- 1 outil de coupe spécial loisirs créatifs (style scalpel)*
- 1 petite planche à découper de loisirs créatifs
- 1 feuille de carton perforé à broder de 23 x 24 cm* : ROUGE

Pour les perles

- 2,5 g environ de micro-perles à broder 15/0* : 420 BLANC PERLE NACRÉ
- 1 aiguille à perles n°12* ou aiguille à quilter
- 1 bobine de fil métallisé n°40 (Fil au Chinois – Sajou) : 210 ROUGE
- 1 paire de ciseaux de broderie*

Pour les nœuds

- 80 cm de ruban à broder en polyester de 6 mm de large (Sajou) : 245 ÉCRU (ou tout autre ruban de votre choix [soie, satin, organza])

* *fournitures en vente sur www.azilizcreation.fr*

RÉALISATION

Retrouvez la grille ci-après.

À l'aide de l'outil de coupe spécial carton perforé à broder, coupez le contour du ballotin point par point dans le carton perforé ROUGE.

De la même manière, réalisez les ajourages aux endroits indiqués.

Brodez les motifs avec les perles. Fixez-les au carton par un demi-point de croix avec 2 brins de fil métallisé n°40 210 ROUGE.

MONTAGE

En suivant les indications de la grille, marquez les plis en vous aidant d'une règle plate.

Les parties latérales se croisent à l'intérieur et sont masquées par les 2 faces ajourées et brodées.

Coupez le ruban en 2 et glissez une extrémité dans les trous, de chaque côté.

Nouez les 2 rubans et recoupez les extrémités en biais si besoin.

GRILLE

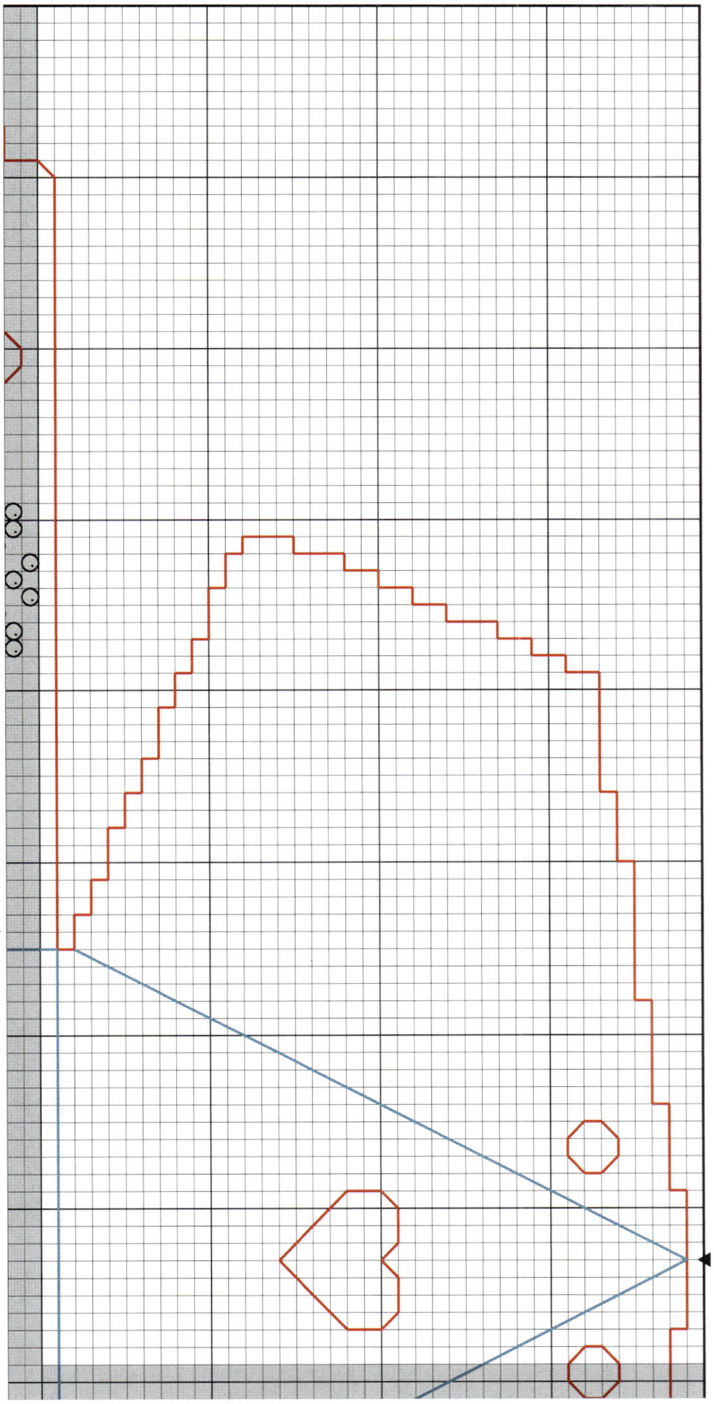

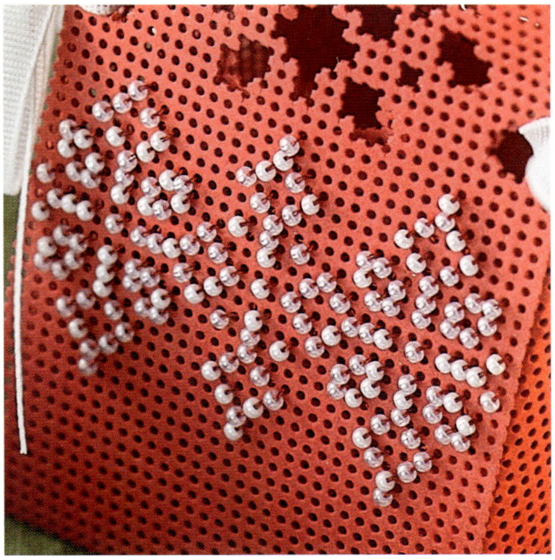

micro-perles

○ 420

— ligne de coupe

— Pliure

GRILLE

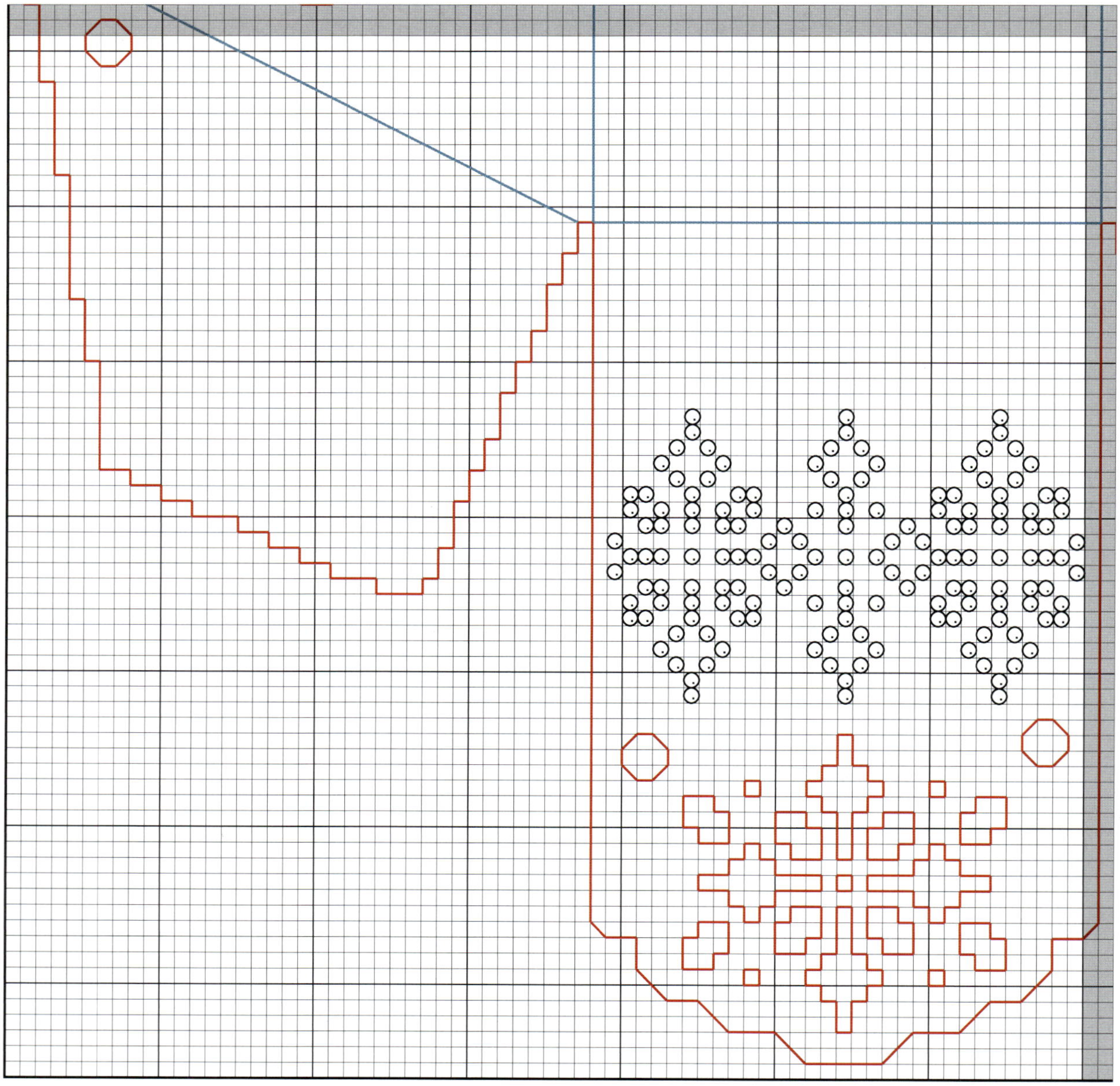

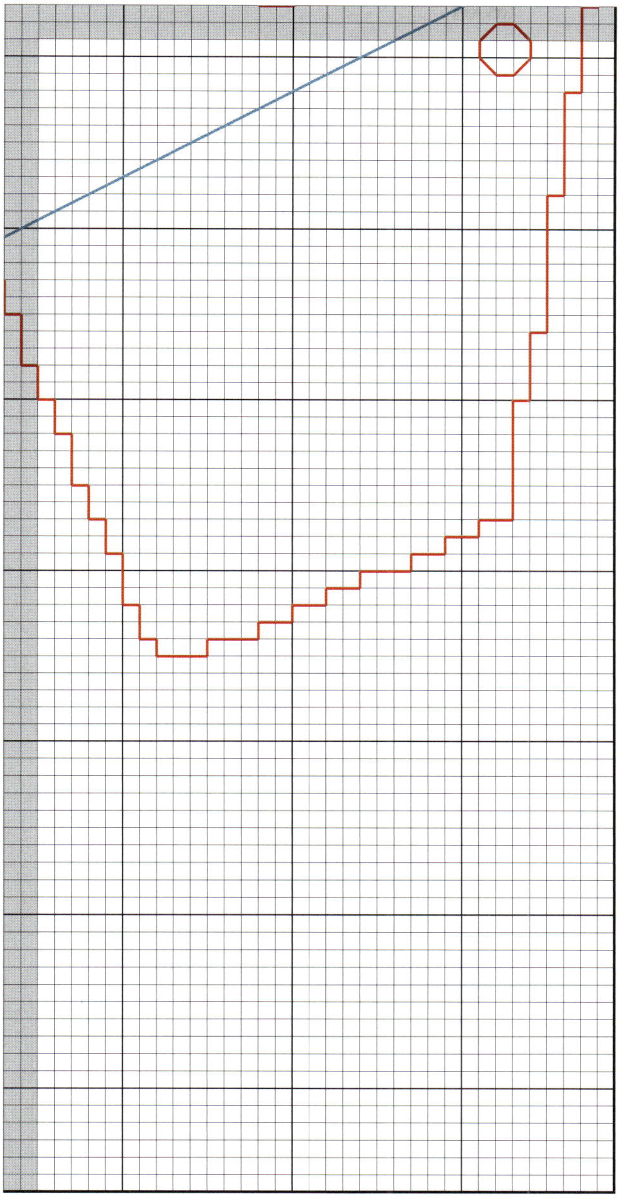

micro-perles

⊙ 420

— ligne de coupe

— Pliure

Photophores

DIMENSIONS

Photophore rectangle : 53 x 77 points

Photophore carré : 53 x 59 points

FOURNITURES

Pour le support

- 1 outil de coupe spécial loisirs créatifs (style scalpel)*
- 1 petite planche à découper de loisirs créatifs
- 2 feuilles de carton perforé à broder de 23 x 24 cm* : brun

Pour les perles

- 2,5 g environ de micro-perles à broder 15/0* : 6408 petite bordeaux
- 1 aiguille à perles n°12* ou aiguille à quilter
- Fil à coudre assorti au carton perforé
- 1 paire de ciseaux de broderie*

Pour la broderie

- Soie perlée* ou coton perlé n°12* (ou coton mouliné) : rouge
- 1 aiguille à tapisser à bout rond* n°26

Pour le montage

- 1,50 m de ruban de soie de 4 mm de large* ou synthétique : rouge

---

* *fournitures en vente sur www.azilizcreation.fr*

RÉALISATION

Retrouvez les grilles ci-après.

À l'aide de l'outil de coupe spécial carton perforé, réalisez les découpes point par point en suivant la ligne de coupe.

Brodez le point de croix et le point arrière avec le fil de votre choix. Fixez les perles au carton perforé au demi-point de croix avec le fil à coudre beige.

MONTAGE

Coupez le ruban en 4 morceaux : 2 de 40 cm, et 2 de 20 cm.

Glissez une extrémité des rubans de 40 cm dans les fentes situées en haut et en bas, en vous aidant d'une aiguille. Prenez soin de laisser dépasser le ruban de chaque côté de manière symétrique.

Glissez une extrémité des rubans de 20 cm dans les fentes latérales situées à mi-hauteur. Repliez légèrement sur l'envers et maintenez la boucle par quelques points de broderie.

Posez le photophore sur la bougie et nouez les extrémités des rubans les unes aux autres à l'arrière de la bougie.

GRILLE PHOTOPHORE RECTANGLE

X **Soie perlée**
rouge

point arrière
rouge

micro-perles
6408

ligne de coupe

GRILLE PHOTOPHORE CARRÉ

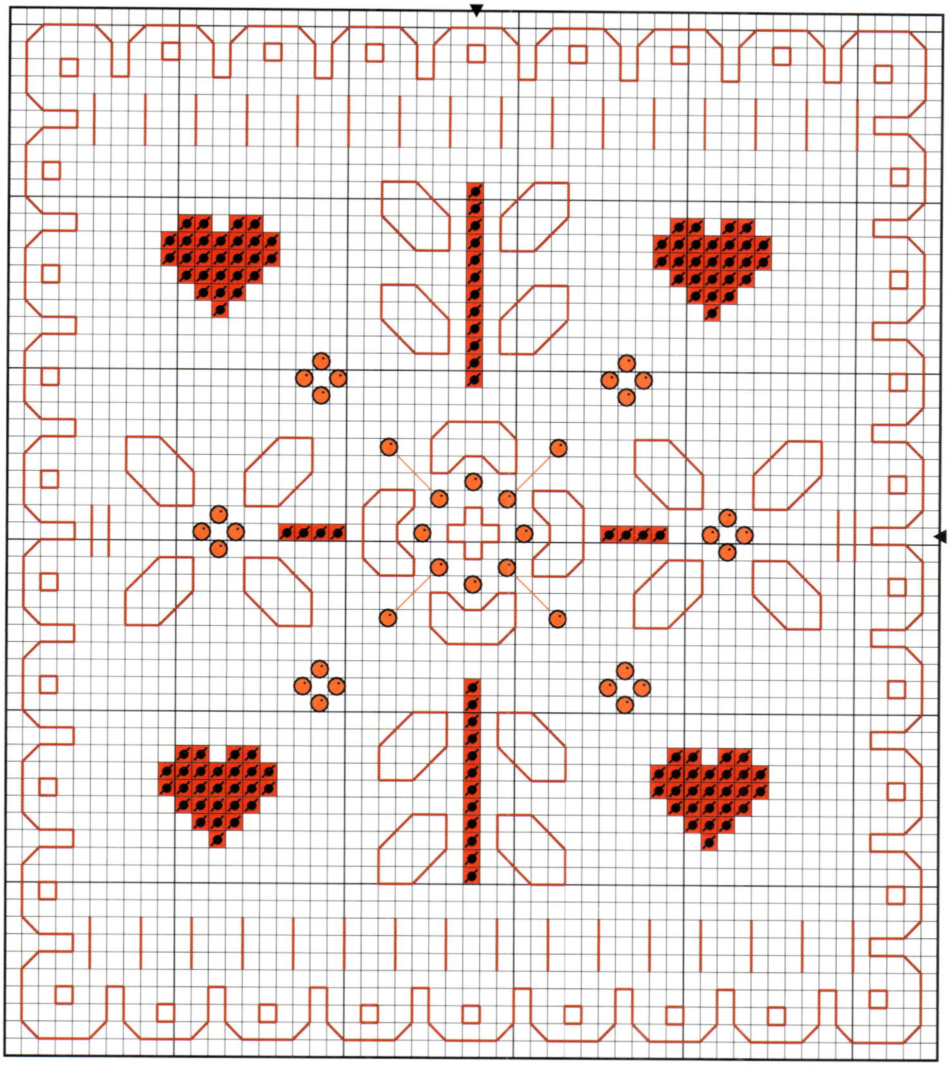

X	Soie perlée
■	rouge
point arrière	
—	rouge
micro-perles	
●	6408
—	ligne de coupe

« Noël » décoré

DIMENSIONS

Lettre « N » : 69 x 81 points

Lettre « O » : 78 x 80 points

Lettre « E » : 70 x 80 points

Lettre « L » : 58 x 82 points

FOURNITURES

Pour le support

- 1 outil de coupe spécial loisirs créatifs (style scalpel)*
- 1 petite planche à découper de loisirs créatifs
- 4 feuilles de carton perforé à broder de 23 x 24 cm* : marine
- 4 lettres en carton de 12 cm de haut (Décopatch)
- Colle blanche vinylique et petit pinceau brosse ou scotch double-face
- 1 crayon blanc

Pour les perles :

- 5 g environ de micro-perles à broder 15/0* : 1 cristal argenté
- 1 aiguille à perles n°12* ou aiguille à quilter
- Fil à coudre assorti au carton perforé
- 1 paire de ciseaux de broderie*

Pour la broderie

- Fil tressé métallisé n°4* : blanc nacré
- 1 aiguille à tapisser à bout rond* n°26

---

* *fournitures en vente sur www.azilizcreation.fr*

RÉALISATION

Retrouvez les grilles ci-après.

Utilisez les lettres en carton comme gabarit : positionnez-les sur le carton perforé et tracez le contour avec un crayon blanc.

À l'aide de l'outil de coupe spécial carton perforé, coupez le contour des lettres point par point.

Brodez le point de croix avec le fil tressé métallisé, sans chercher à le dédoubler.

Fixez les perles sur le carton perforé par un demi-point de croix avec 1 fil à coudre bleu.

MONTAGE

Étalez une fine couche de colle blanche vinylique au pinceau brosse sur la face de la lettre en carton que vous souhaitez recouvrir.

Positionnez l'envers de la lettre brodée sur le support et pressez délicatement. Faites de même si vous souhaitez utiliser du scotch double-face.

NOEL

GRILLE « N »

X	Fil métallisé n°4
▬	blanc nacré
micro-perles	
●	cristal argenté
—	ligne de coupe

GRILLE « O »

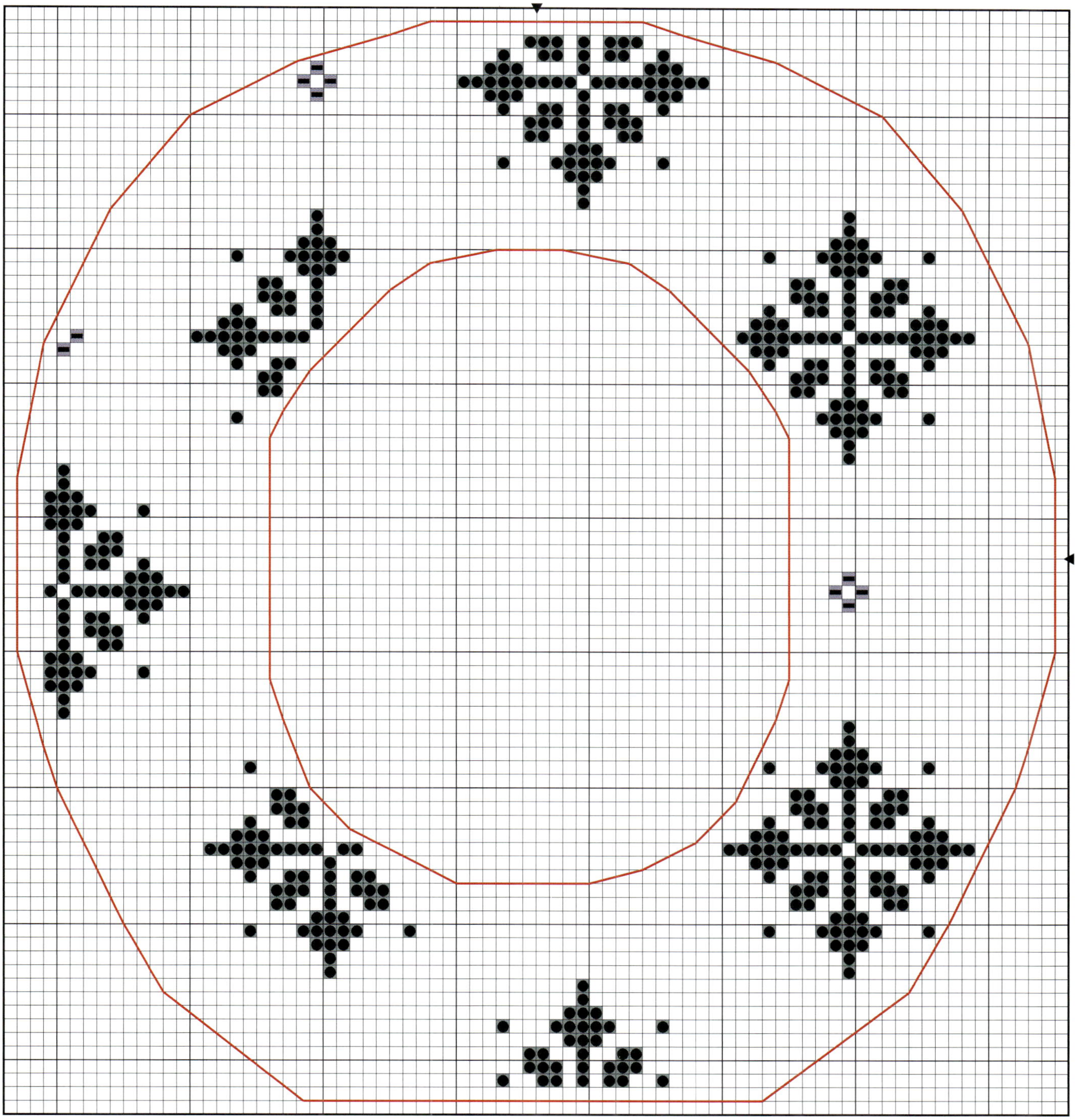

GRILLE « E »

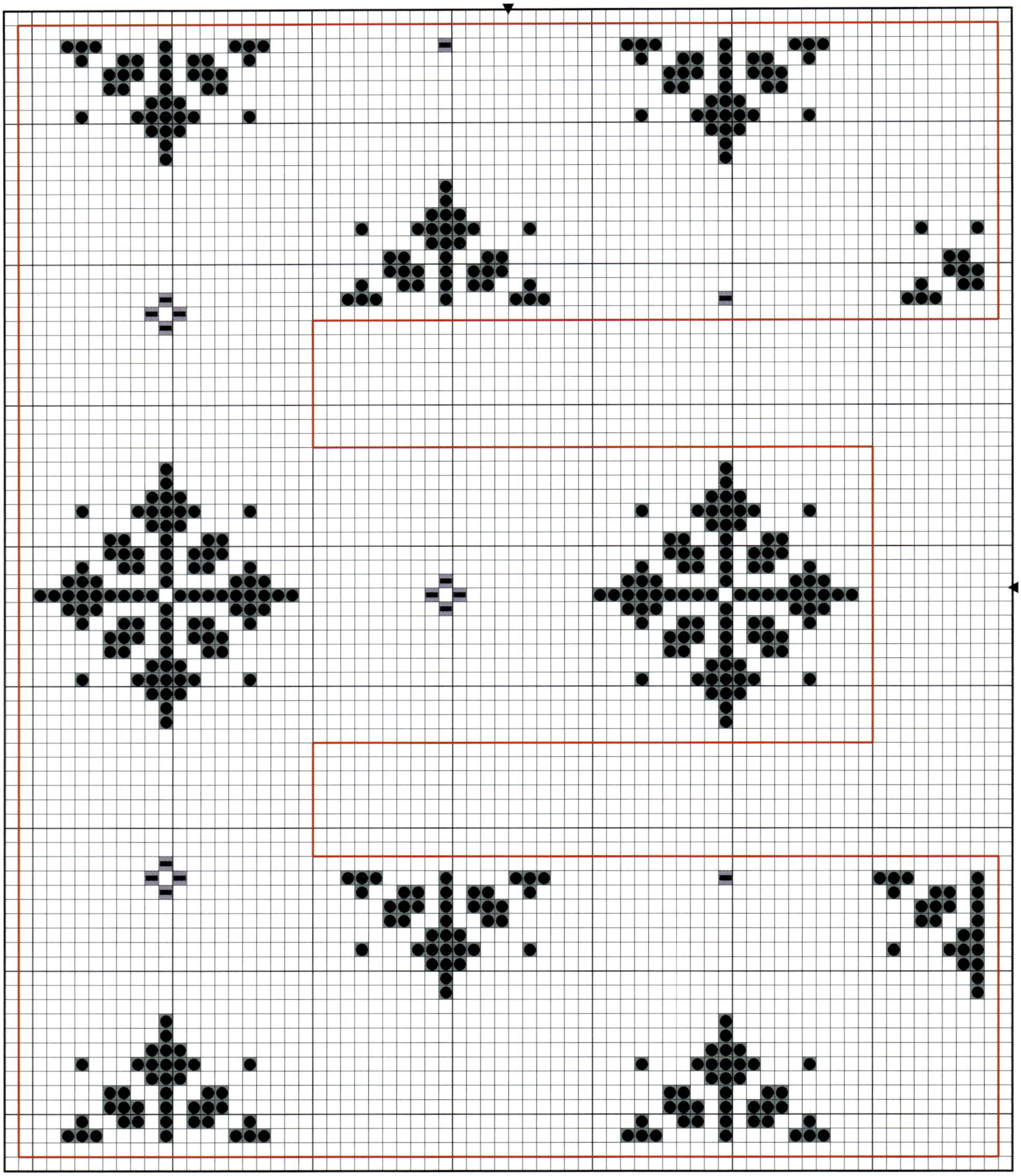

GRILLE « L »

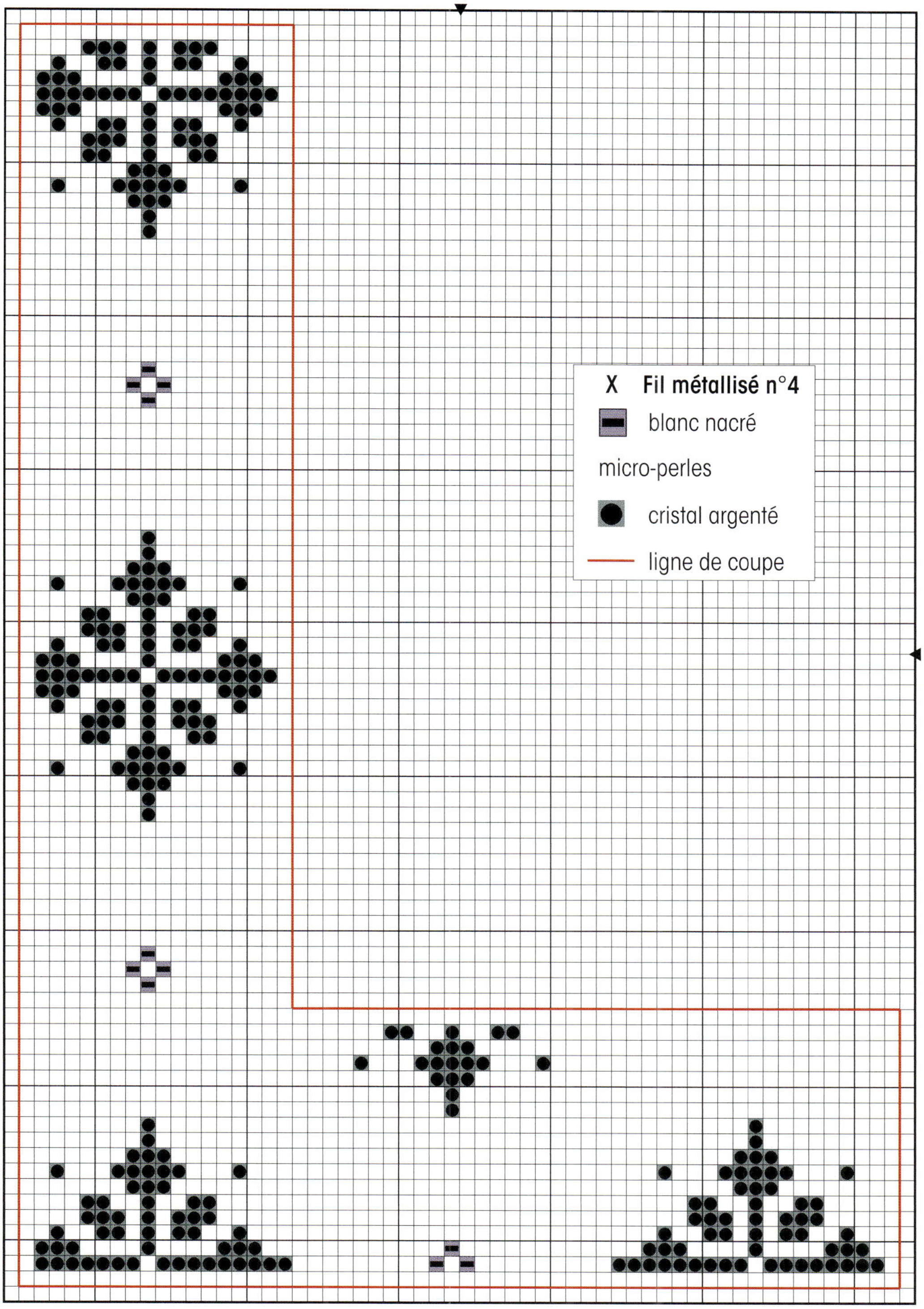
X Fil métallisé n°4
blanc nacré
micro-perles
cristal argenté
ligne de coupe

Paysage sous cloche

DIMENSIONS

Grand sapin : 35 x 58 points (socle inclus)

Petit sapin : 30 x 39 points (socle inclus)

Maison : 36 x 38 points (socle inclus)

FOURNITURES

Pour le support

- 1 outil de coupe spécial loisirs créatifs (style scalpel)*
- 1 petite planche à découper de loisirs créatifs
- 1 cloche en verre de 18,5 cm de haut et 13 cm de diamètre (Créalia)
- 1 feuille de carton perforé à broder de 23 x 24 cm* : BRUN – VERT
- Du scotch double-face
- Quelques flocons de neige artificielle

Pour les perles

- 2,5 g environ de micro-perles à broder 15/0* : 6902 petite cuivre – 420 blanc perle nacré
- 1 aiguille à perles n°12* ou aiguille à quilter
- Fil à coudre assorti au carton perforé
- 1 paire de ciseaux de broderie*

* *fournitures en vente sur www.azilizcreation.fr*

RÉALISATION

Retrouvez les grilles ci-après.

À l'aide de l'outil de coupe spécial carton perforé, coupez les silhouettes des sapins dans le carton perforé VERT et la silhouette de la maison dans le carton perforé BRUN. Vous pouvez vous aider en traçant les lignes de coupe au critérium sur l'envers de la feuille.

Réalisez ensuite les ajourages intérieurs.

Brodez les perles au demi-point de croix avec 1 fil à coudre assorti au carton perforé.

MONTAGE

Rabattez les socles des silhouettes à angle droit et réservez.

Recouvrez la surface de la base en bois de la cloche avec du scotch double-face.

Collez les silhouettes par leurs socles sur la base de la cloche.

Saupoudrez les flocons de neige artificielle dans les espaces libres et posez la cloche en verre.

GRILLE GRAND SAPIN

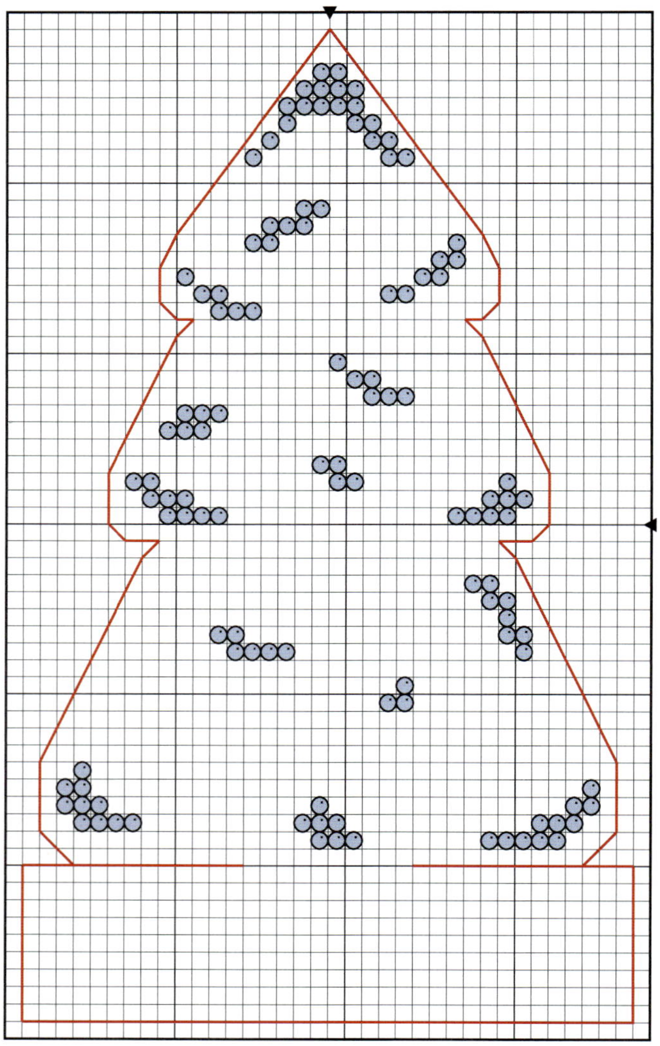

GRILLE PETIT SAPIN

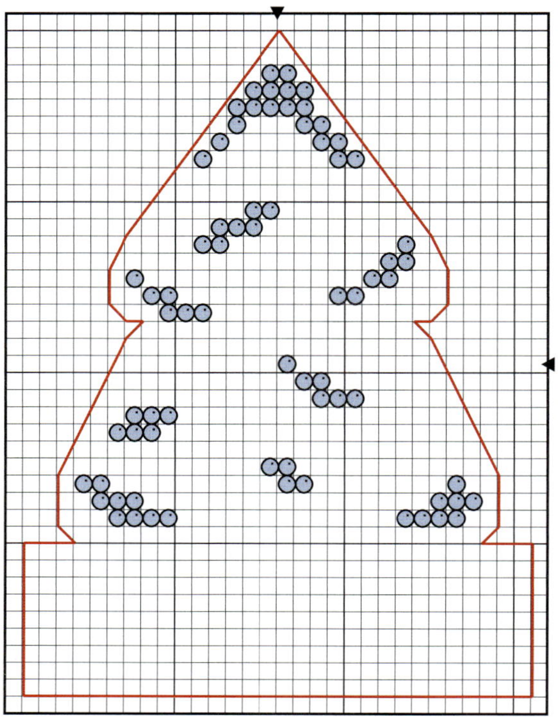

micro-perles

○ 420

— ligne de coupe

GRILLE MAISON

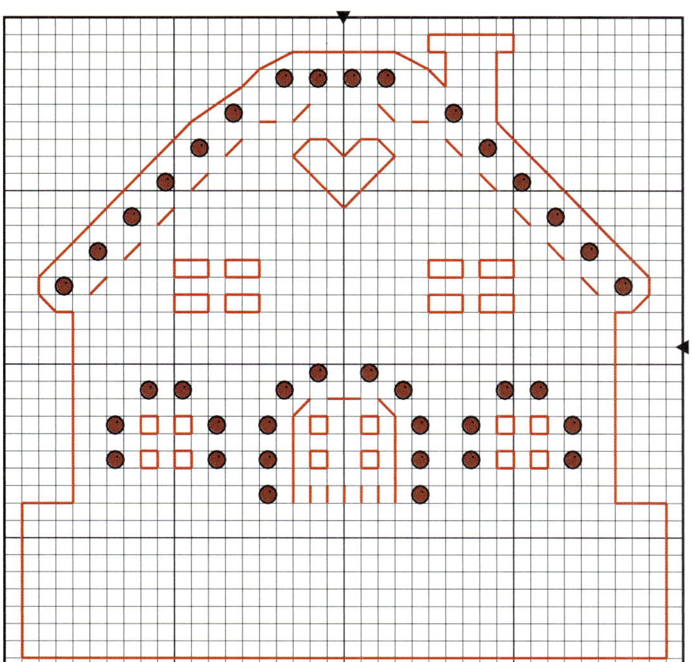

micro-perles

6902

ligne de coupe

Pluie d'étoiles

DIMENSIONS

Grande étoile : 66 x 73 points

Petite étoile : 40 x 40 points

FOURNITURES

Pour le support

- 1 outil de coupe spécial loisirs créatifs (style scalpel)*
- 1 petite planche à découper de loisirs créatifs
- 1 feuille de carton perforé à broder de 23 x 24 cm* : MARINE
- 1 chute de carton perforé à broder* : BLANC
- 1 boule décorative en plastique transparent en 2 parties à décorer et à assembler de 12 cm de diamètre (Créalia)
- 20 cm de fil transparent (fil de nylon ou fil de pêche)
- 1 assortiment de demi-perles adhésives blanches (Artemio)
- 25 cm de ficelle en coton bicolore

* *fournitures en vente sur www.azilizcreation.fr*

RÉALISATION

Retrouvez les grilles ci-après.

À l'aide de l'outil de coupe spécial carton perforé, coupez le contour de la grande étoile dans le carton perforé MARINE et celui de la petite étoile dans la chute de carton perforé BLANC.
Vous pouvez tracer les contours sur l'envers des feuilles à l'aide d'un critérium, et couper les contours aux ciseaux pour papier.

Réalisez les découpes intérieures à l'aide de l'outil de coupe.

Collez les demi-perles adhésives blanches sur la grande étoile.

MONTAGE

Coupez le fil transparent en 2. Passez chaque fil transparent dans l'extrémité supérieure des étoiles.

Déposez les étoiles dans une demi-sphère et glissez les extrémités du fil transparent dans l'attache de la boule.

Fermez la boule avec la deuxième moitié et ajustez la position des étoiles en tirant légèrement sur le fil.

FINITIONS

Glissez la ficelle bicolore dans l'attache de la boule et nouez ses 2 extrémités l'une à l'autre.

GRILLE GRANDE ÉTOILE

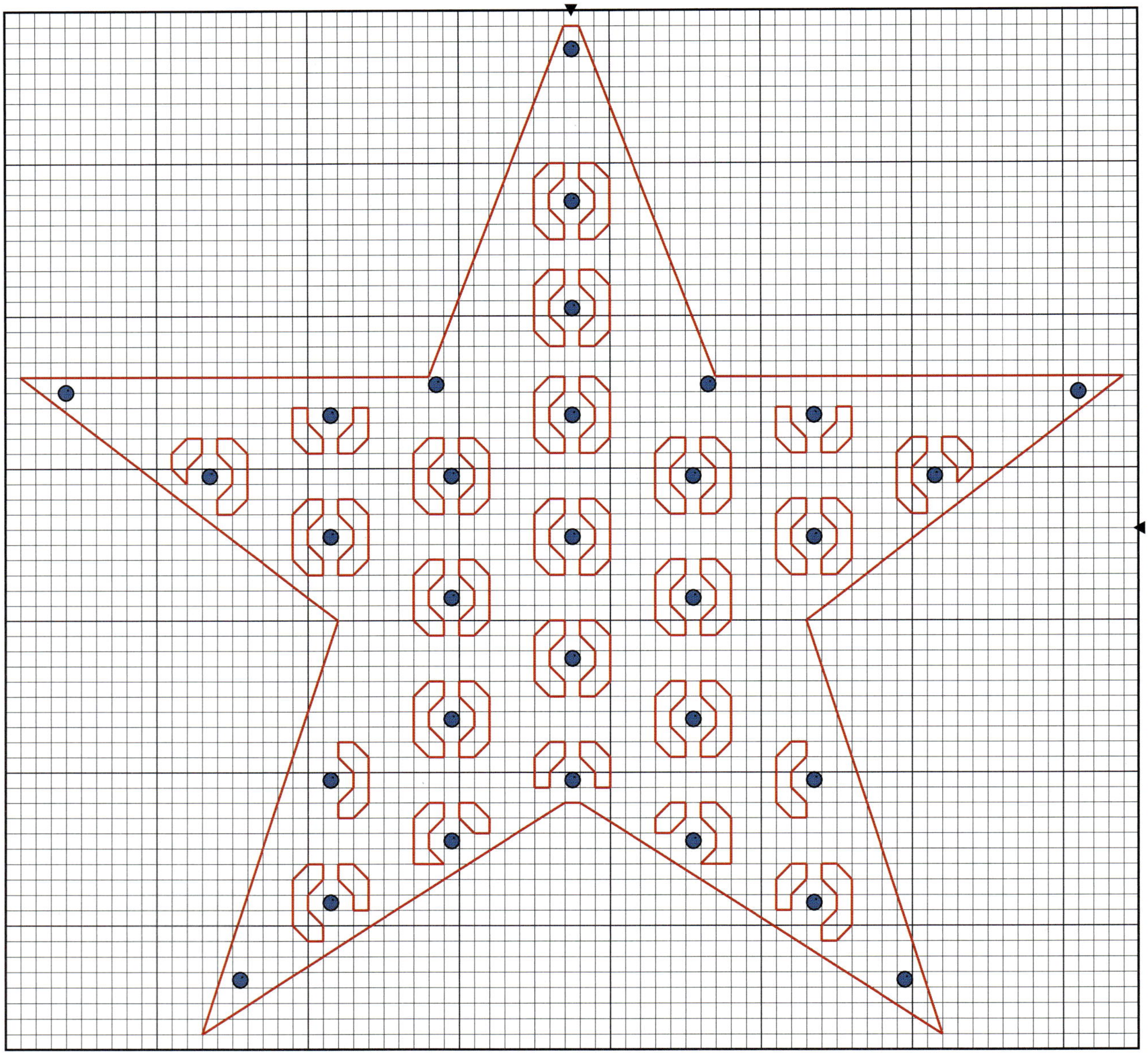

demi-perles adhésives
blanche
ligne de coupe

GRILLE PETITE ÉTOILE

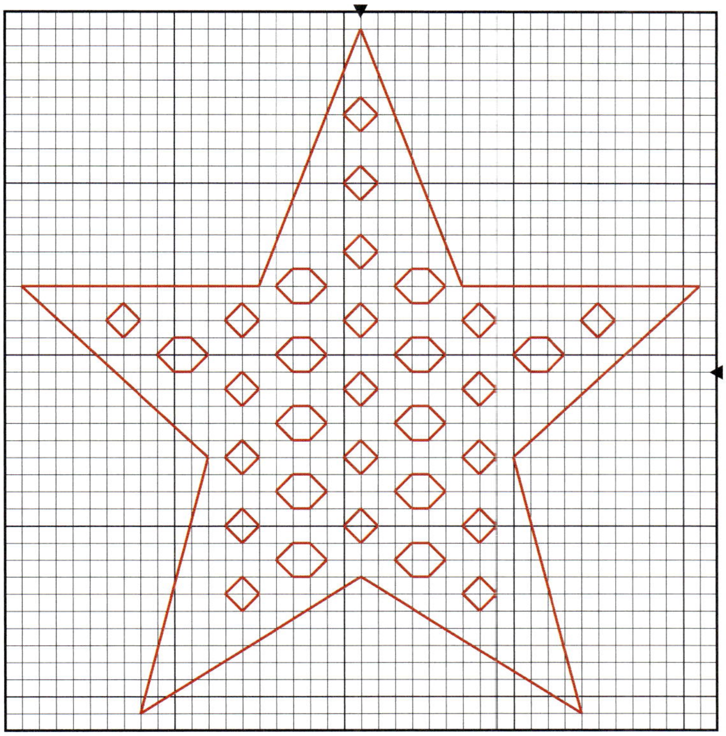

Boules scandinaves

DIMENSIONS

Cerf : 35 x 28 points

Oiseau : 25 x 22 points

Écureuil : 26 x 26 points

Hibou : 25 x 29 points

Renard : 25 x 24 points

FOURNITURES

Pour le support

- 1 paire de ciseaux pour papier
- 1 feuille de carton perforé à broder de 23 x 24 cm* : rouge – blanc – marine – vert – brun
- Des boules décoratives en plastique transparent en 2 parties à décorer et à assembler de 7 cm de diamètre (Créalia)
- 1 sachet de 50 g de billes de polystyrène (Créalia)
- 1,50 m de ruban à broder de 6 mm de large (Sajou) : 245 écru

Pour la broderie

- Quelques aiguillées de fil tressé métallisé n°4* : blanc nacré
- Quelques aiguillées de fil métallisé n°40 (Fil au Chinois – Sajou) : 210 rouge
- 1 aiguille à tapisser à bout rond* n°26 ou n°28

---

* *fournitures en vente sur www.azilizcreation.fr*

RÉALISATION

Retrouvez les grilles ci-après.

À l'aide d'un critérium, tracez le contour extérieur d'une demi-sphère sur l'envers du carton perforé à broder.

Coupez le carton perforé avec des ciseaux en suivant le contour de la pastille.

Centrez le motif choisi sur le carton perforé de votre choix et brodez au point de croix avec 1 brin si vous utilisez le fil tressé métallisé, ou 2 brins si vous utilisez un fil plus fin.

MONTAGE

Versez l'équivalent de 1 à 2 cuillères à café de billes de polystyrène dans les demi-sphères composant une boule.

Passez un fil en haut de votre pastille, au niveau de la médiane. Déposez votre pastille brodée dans une demi-sphère et glissez les extrémités du fil dans l'attache de la boule.

Fermez la boule avec la deuxième moitié et ajustez la position de la pastille en tirant légèrement sur le fil.

FINITIONS

Coupez 25 cm de ruban. Glissez 1 extrémité dans l'attache de la boule et nouez les 2 extrémités ensemble.

GRILLE HIBOU

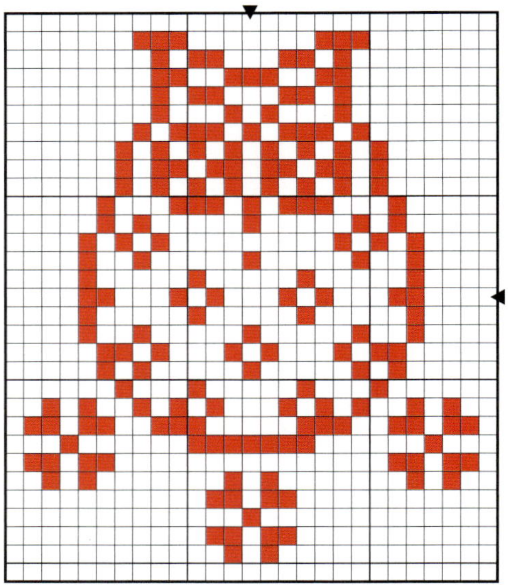

GRILLE CERF

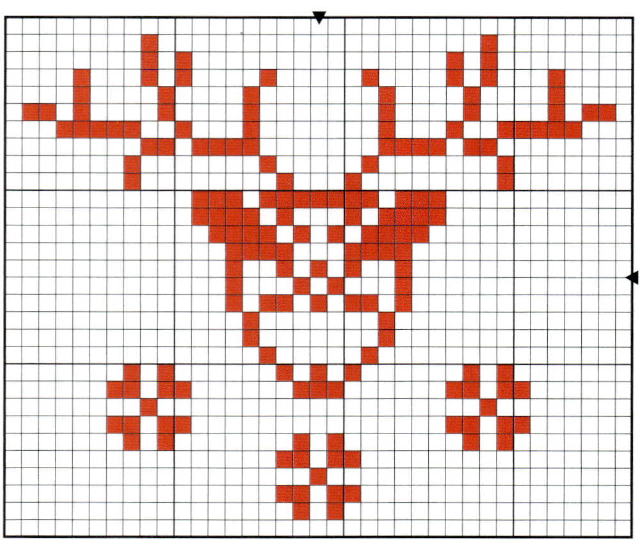

GRILLE ÉCUREUIL

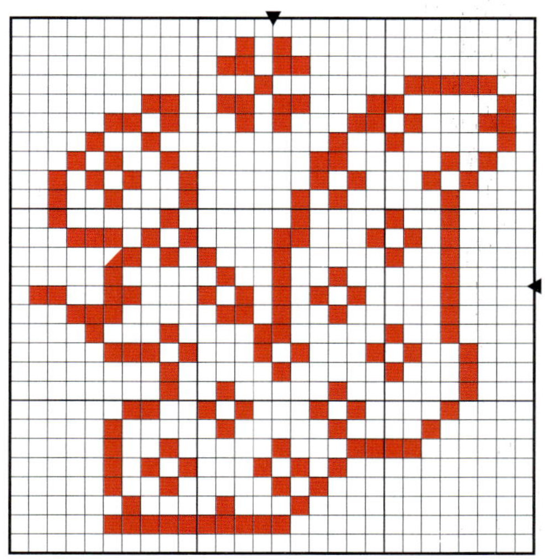

Point de croix

GRILLE RENARD

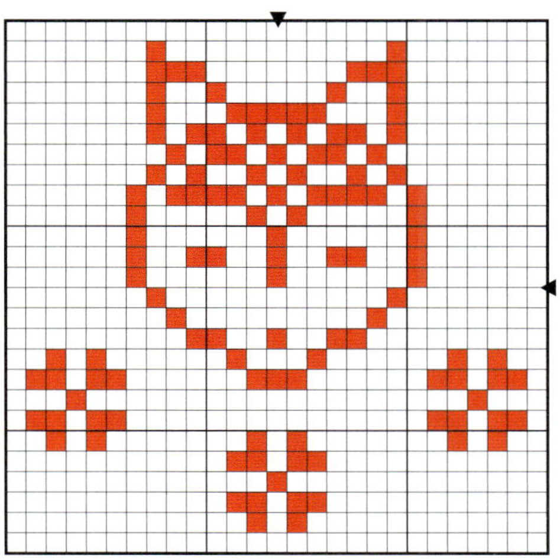

GRILLE OISEAU

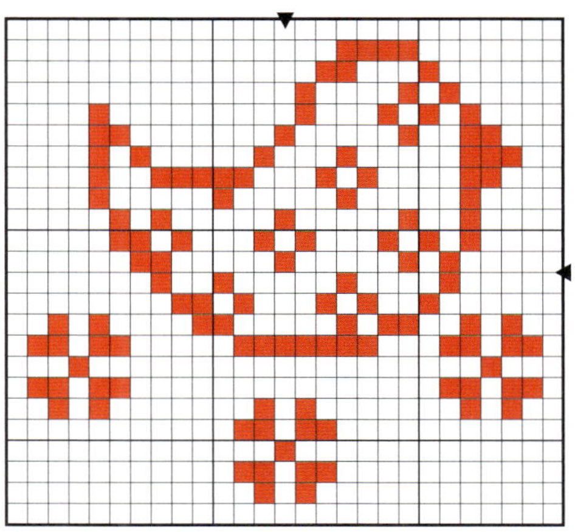

Boules de neige « Galon »

DIMENSIONS

Les motifs répétés forment des frises d'une largeur maximale de 8 points

FOURNITURES

Pour le support

- 1 paire de ciseaux pour papier
- 1 feuille de carton perforé à broder de 23 x 24 cm* : rouge – ivoire – brun
- Des boules décoratives en plastique transparent en 2 parties à décorer et à assembler de 7 cm de diamètre (Créalia)
- 1 sachet de 50 g de billes de polystyrène (Créalia)
- 1 échevette de fil tressé métallisé n°4* : blanc nacré
- Perles fantaisie en bois
- Scotch double-face
- Colle gel extra-forte

Pour la broderie

- 1 échevette de soie perlée* : rouge
- 1 aiguille à tapisser à bout rond* n°26 ou n°28

Pour les perles

- 2,5 g environ de micro-perles à broder 15/0* : 420 blanc perle nacré
- 1 aiguille à perles n°12* ou aiguille à quilter
- Fil à coudre assorti au carton perforé
- 1 paire de ciseaux de broderie*

** fournitures en vente sur www.azilizcreation.fr*

RÉALISATION

Retrouvez les grilles ci-après.

À l'aide d'un critérium, tracez le contour extérieur de chaque demi-sphère sur l'envers du carton perforé (2 fois dans chaque feuille de carton perforé).

Coupez le carton perforé avec des ciseaux pour papier en suivant le contour de la pastille. Réservez.

Préparez les bandes décoratives. Coupez des morceaux de 11 cm de long et de 1,5 cm de large environ.

Brodez les motifs choisis au point de croix, en les répétant autant de fois que vous le désirez. Brodez les perles avec un fil à coudre assorti à la couleur du carton perforé.

Recoupez les bandes en laissant 1 carré autour de la broderie.

MONTAGE

Versez l'équivalent de 1 cuillère à soupe de billes de polystyrène dans 1 demi-sphère composant 1 boule de neige.

Déposez un filet de colle extra-forte sur tout le contour de la demi-sphère et déposez délicatement votre pastille en carton perforé à broder.

Collez des morceaux de scotch double-face au dos des bandes brodées : un à chaque extrémité et un au centre.

Installez les bandes sur la surface bombée de la demi-sphère en laissant libre cours à votre inspiration.

FINITIONS

Réalisez des attaches avec 25 cm de fil tressé métallisé n°4 et une perle fantaisie en bois.

24

GRILLES 1 ET 2

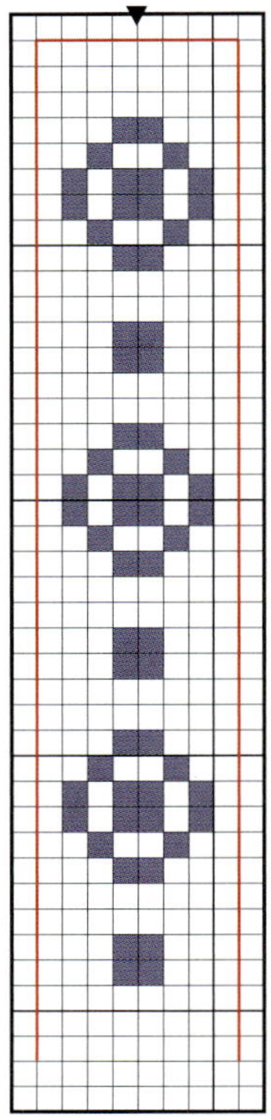

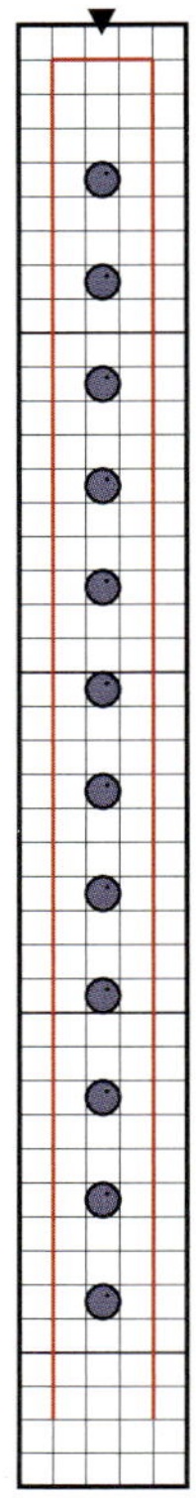

GRILLE 3

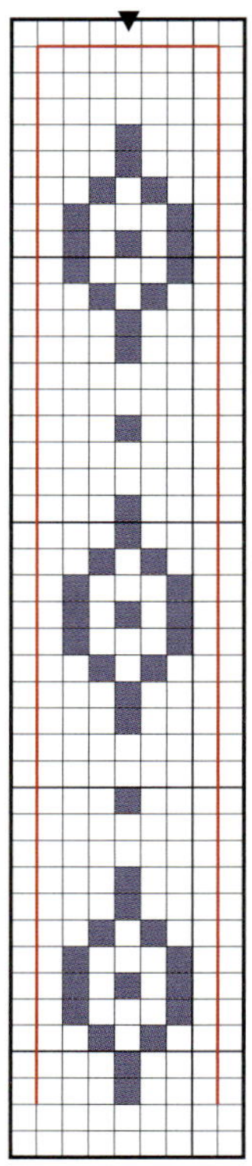

X **Soie perlée**

■ rouge

micro-perles

● 420

— ligne de coupe

GRILLE 4

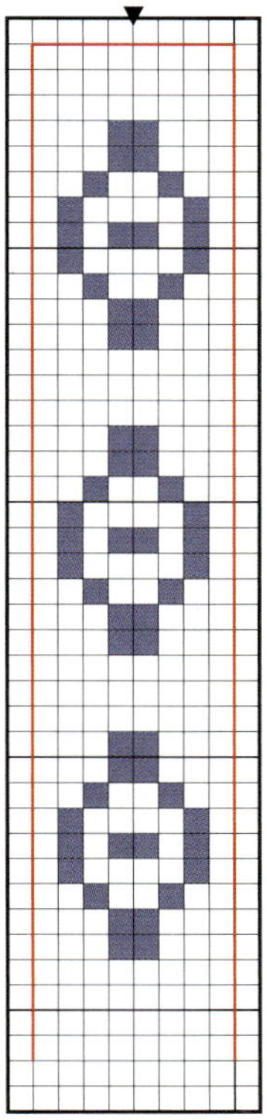

GRILLE 5

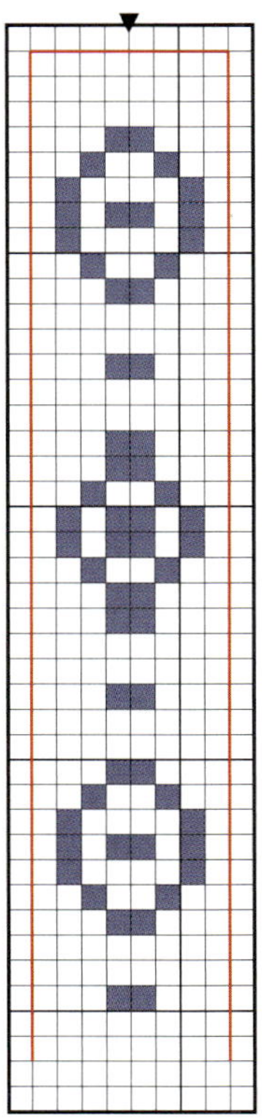

Étoile polaire

DIMENSIONS

130 x 127 points

FOURNITURES

Pour le support

- 1 outil de coupe spécial loisirs créatifs (style scalpel)*
- 1 paire de ciseaux pour papier
- 1 petite planche à découper de loisirs créatifs
- 1 feuilles de carton perforé à broder de 23 x 24 cm* : blanc

Pour les perles

- 2,5 g environ de perles à broder 11/0 ou micro-perles 15/0 * : 6901 petit or ou 4204 or
- 1 aiguille à perles n°12* ou aiguille à quilter
- Fil à coudre assorti au carton perforé
- 1 paire de ciseaux de broderie*

* *fournitures en vente sur www.azilizcreation.fr*

RÉALISATION

Retrouvez la grille ci-après.

Sur l'envers du carton perforé, tracez le contour de l'étoile à l'aide d'un critérium, en se référant à la grille.

À l'aide d'une paire de ciseaux pour papier, coupez le contour de l'étoile.

Réalisez les motifs ajourés sur chaque face, point par point avec l'outil de coupe.
Vous pouvez vous aider en traçant les contours sur l'envers du carton perforé à broder à l'aide d'un critérium.

Appliquez les perles sur le carton perforé au demi-point de croix avec 1 fil à coudre blanc, aux emplacements indiqués sur la grille, ou à votre convenance.

MONTAGE

Marquez les plis délicatement en respectant le sens de « casse » indiqués sur la grille.

Votre étoile est prête à être posée.
Vous pouvez aussi la suspendre après avoir glissé un lien à son sommet.

GRILLE

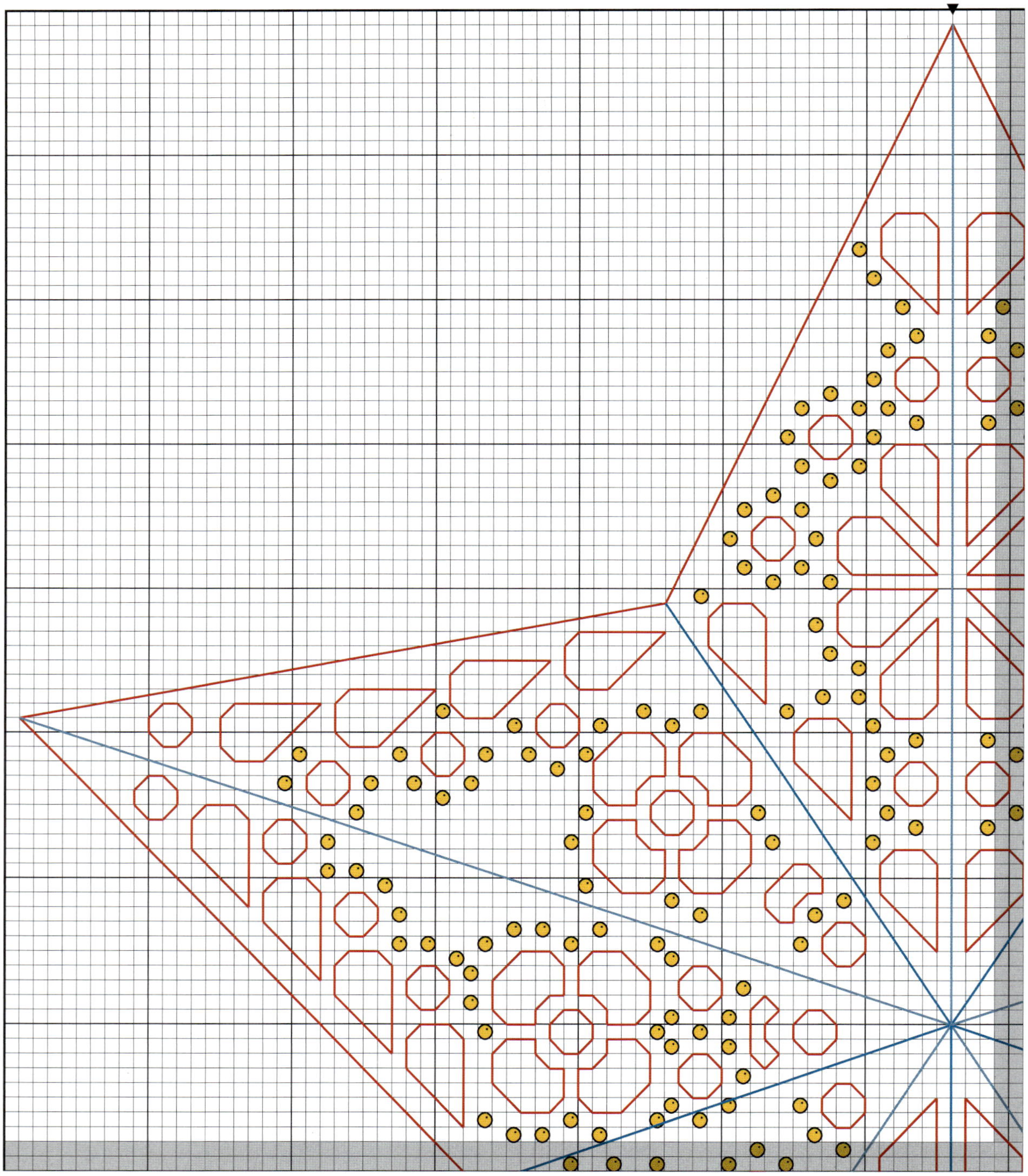

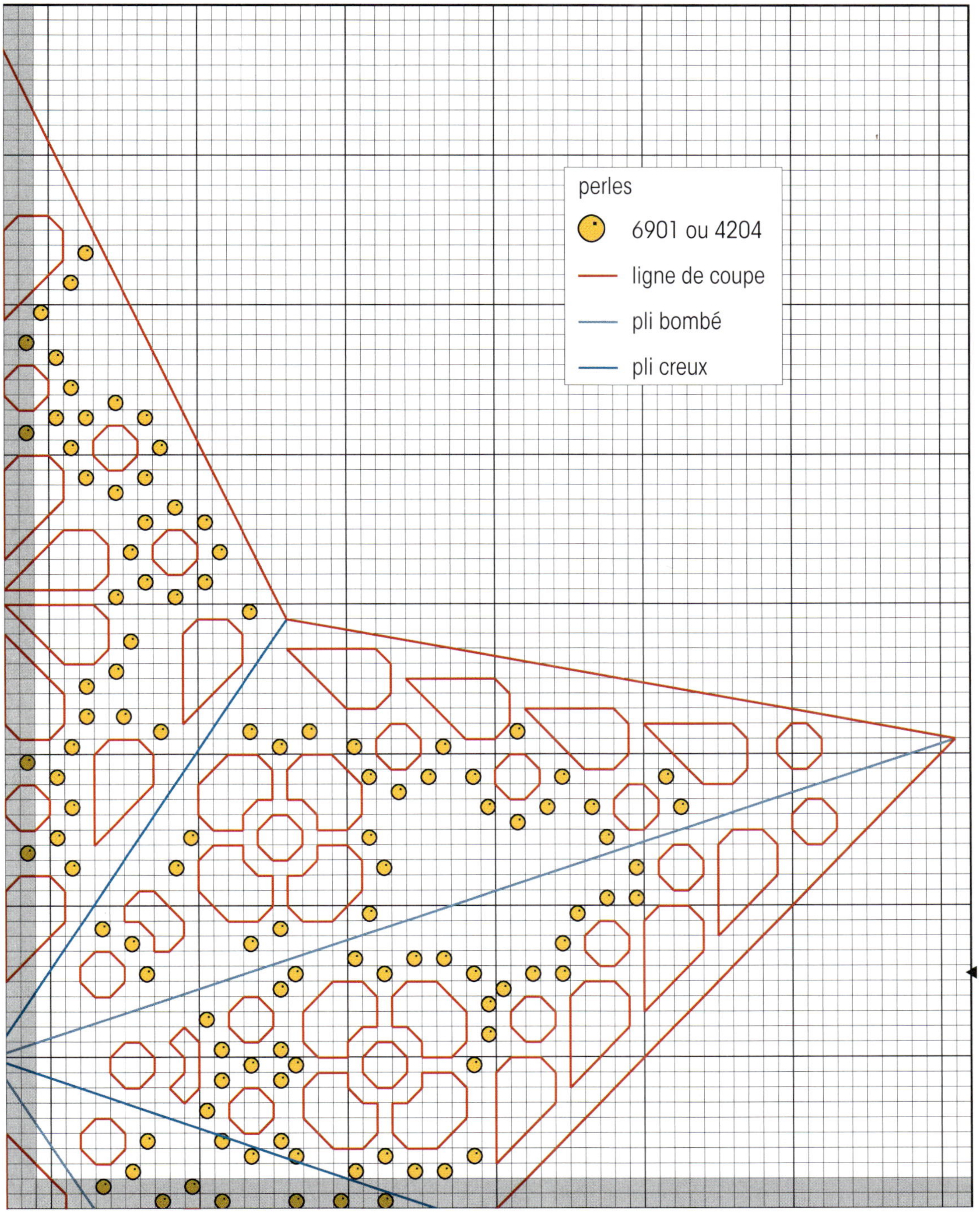
perles
6901 ou 4204
ligne de coupe
pli bombé
pli creux

GRILLE

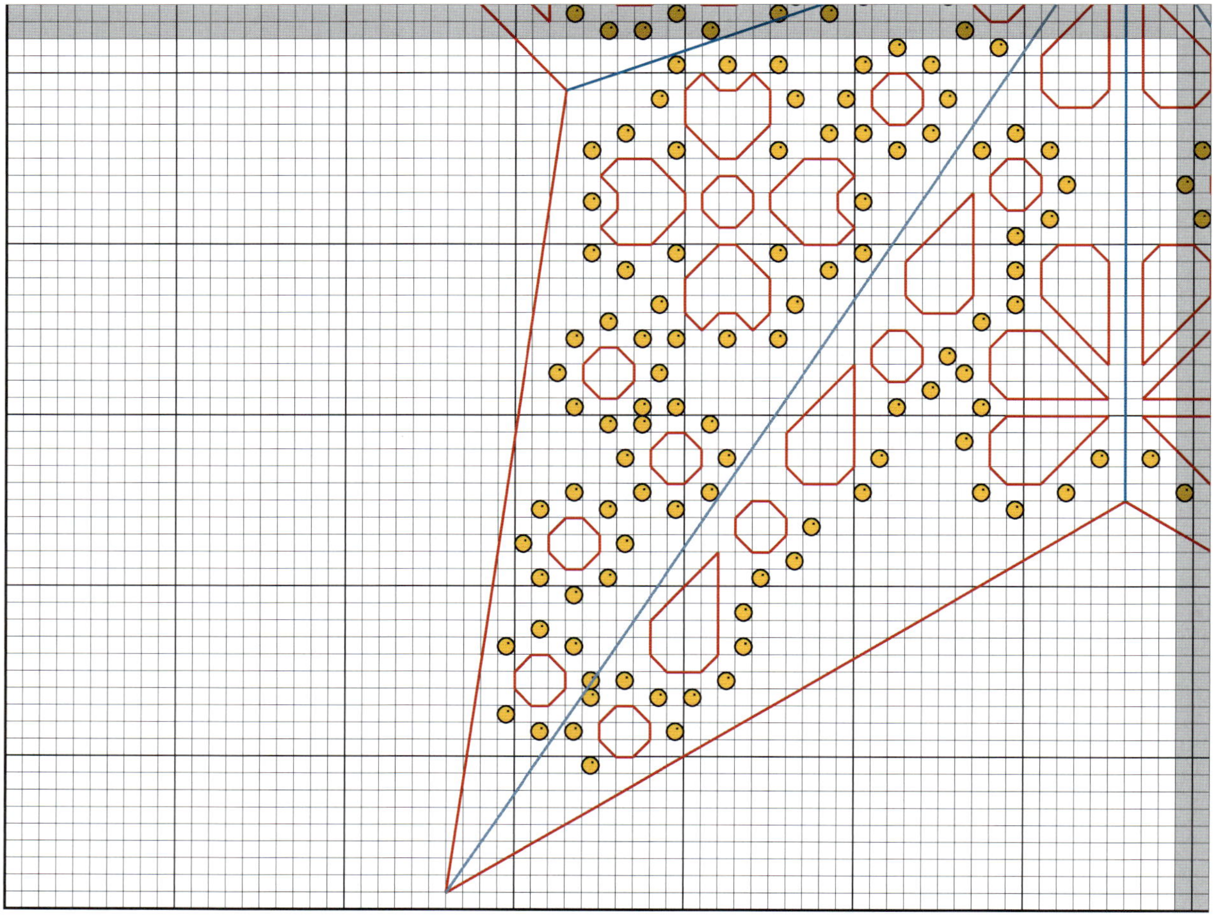

perles

6901 ou 4204

ligne de coupe

pli bombé

pli creux

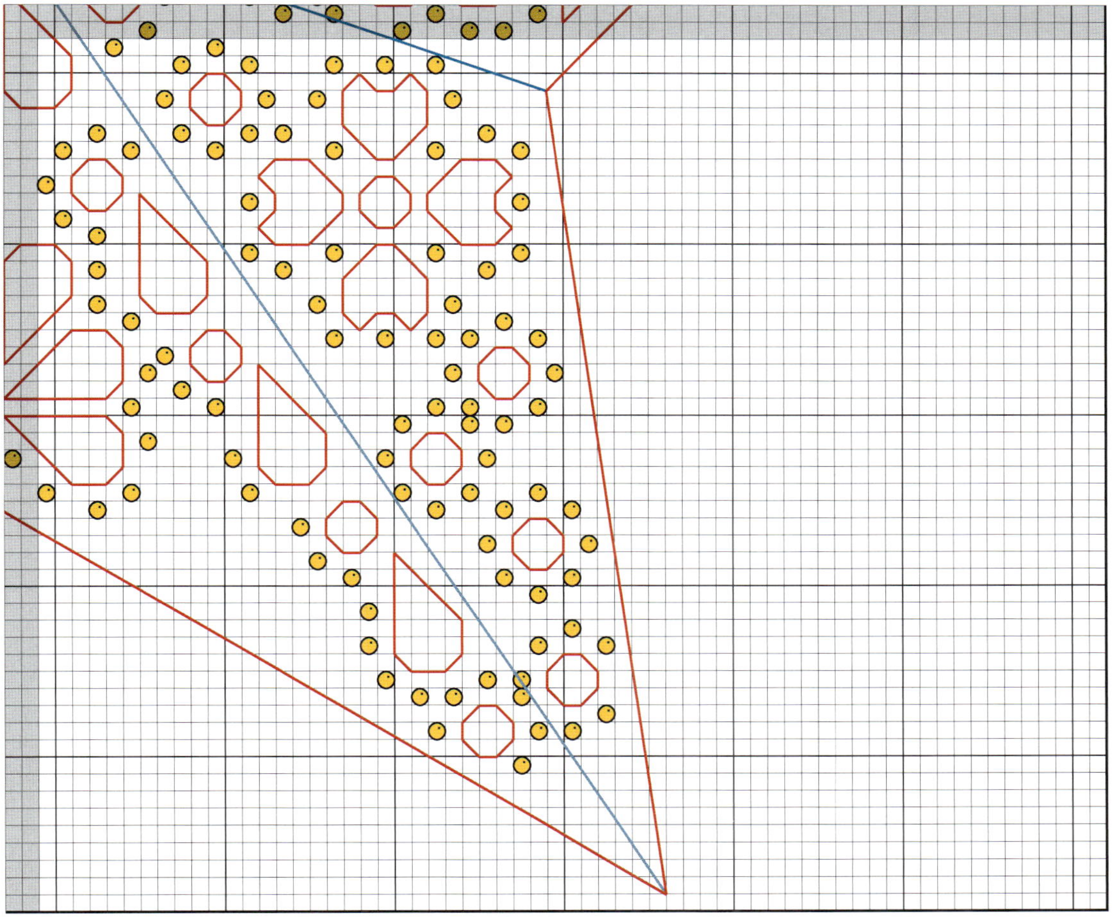

Les éditions de saxe
13, rue Jules Verne
CS 40205 - 69630 Chaponost
www.edisaxe.com

Créatrice : Cécile Pozzo di Borgo
Maquette : Evelyne Nobre
Photos : Richard Boutin
Stylisme : Vania Leroy

BRODERIES DE NOËL SUR CARTON PERFORÉ
MLAB358 – ISBN : 978-2-7565-3620-0
Imprimé en Italie
Dépôt légal : à parution